고객 소멸 시대 마케팅
어떻게 할 것인가

고객 소멸 시대 마케팅

마케팅

고사카 유지 지음

강지원 옮김

어떻게 할 것인가

PAZIT

2020년 4월. 고객이 사라졌다.

"태어나서 처음으로 이즈(伊豆: 일본 시즈오카현 이즈반도. 온천 및 휴양지로 유명한 곳)에 관광객이 없는 모습을 보게 되었네요."

이즈 근방에서 화과자 가게 '세키슈안(石舟庵)'을 운영하고 있는 다카기 야스유키 사장의 말이다. 이즈에서 태어나고 자란 그로서는 관광객이 사라진 이즈의 거리는 낯설었다.

"예약이 모두 취소되었어요."라고 나고야(名古屋)의 레스토랑 '반도'의 오너 쉐프 토시노부 씨가 말했다. 그의 레스토랑에서도 고객이 사라져버렸다.

이는 이즈와 나고야 지역에서만 벌어진 일은 아니다. 일본 전국 모든 곳에서 일어난 일이고, 비즈니스 현장에서는 다음과 같

4

은 목소리가 들려왔다.

"코로나* 사태로 인해 손님의 발걸음이 많이 줄었다."

"큰 마음 먹고 역 앞에 가게를 차렸는데 역세권이라서 월세도 비싸다."

"도대체 어떻게 해야 하나?"

"잘 나갔던 인바운드 수요에 대비해 투자를 했는데 매출이 뚝 끊겼다."

"관광객이 언제 다시 돌아올까?"

"대리점이 잇달아 문을 닫고 있어 아무것도 할 수 없다."

"외출도 자유롭게 할 수 없고 영업 활동도 너무 어렵다."

한창 호황이었던 여행 숙박업도 수요가 뚝 끊겨 버렸다. 일본 정부의 'Go To 캠페인'으로 위기를 넘긴 것도 잠시 또 다시 코로나 변이 바이러스가 유행하기 시작하면서 고객 예약 취소가 증가했다.

언제까지 이렇게 코로나에게 휘둘릴 것인가?

---

* 코로나에 대한 정식 명칭은 코로나바이러스감염증-19(COVID-19)이지만, 이 책에서는 코로나로 표기하였다.

일본 정부의 'Go To 캠페인' 외식 사업 지원금을 받고 있는 요식업은 다른 업종보다 상황이 나은 편이다. 하지만 필자가 운영하는 이벤트 기획 회사에게 있어서 코로나 바이러스는 치명적이다. 어찌 되었건 사람이 모이면 안 되기 때문이다.

고객들은
어디로 사라졌을까?

2020년 4월 7일, 도쿄(東京), 가나가와(神奈川), 사이타마(埼玉), 지바(千葉), 오사카(大阪), 효고(兵庫), 후쿠오카(福岡) 등 7개 도부현(都府縣)에 코로나 긴급사태 선언이 발표되었다.

4월 16일에는 일본 전역으로 확대되었다. 외출 자제 요청이 이루어지면서 대규모 행사 취소와 요식업 업종의 영업시간 단축이 시행되었다. 그리고 거리에서 사람이 사라졌다.

그렇게 많은 사람으로 붐비던 터미널과 공항에서는 인적이 사라졌다. 인적이 드문 도쿄의 시부야와 마루노우치의 광경은 마치 유령도시를 보는 듯했다.

바로 한 달 전까지 당연하게 여겨지던 번화가의 수많은 인파, 관광객으로 붐비는 관광지, 음식점에서 들리는 사람들의 떠들썩한 수다, 라이브 공연장의 열기 등 모든 것들이 한순간에 과거의 것이 되었다.

이커머스 비즈니스 등 일부 기업을 제외한 대부분의 기업들이 코로나의 영향을 갑자기 받아 직접적인 타격을 입었다.

특히 가게 등 오프라인에서 고객과 직접 대면하는 '자영업(리얼 비즈니스)'을 하는 업주들은 "어제까지 이 자리에 있었던 고객들이 사라졌다. 없어졌다."라는 생각하지도 못했던 현실을 겪게 되었다.

고객이 사라져버린 현실 자체가 바로 긴급 사태이지 않을까?

많은 사람들이 코로나 사태가 끝나기를 바라고 있다. 코로나 긴급사태 선언은 2020년 5월 14일 이후 단계적으로 해제되었으며 5월 25일에는 전국에서 해제되었다. 그 이후 서서히 손님들의 발걸음이 다시 되돌아오기 시작했다.

하지만 대부분의 가게와 회사에는 아직 고객들이 돌아오지 않고 있다. 어쩔 수 없이 폐업할 수밖에 없는 가게도 속출하고 있는 상황에서 '코로나 도산'이라는 단어도 생기게 되었다.

"사라져버린 고객은 도대체 어디로 간 것일까?"

"아마존이나 넷플릭스 같은 온라인 플랫폼으로 모두 이동한 것일까?"

물론 일부는 그럴 것이다. 하지만 모든 상품을 홈쇼핑에서 살 수 있는 것도 아니고 대부분의 서비스 업종은 온라인으로 대체할 수 없는 것이다.

그럼에도 불구하고 손님이 돌아오지 않는 이유는 무엇 때문일까?

'코로나 불황' 속에서도 계속 성과를 내는 기업

얼마 전 필자가 주재하는 [기대감에 두근두근! 마케팅 실천모임] 회원들을 대상으로 "어떻게든 자신의 사업을 지키고 코로나 위기를 극복하자!"라는 주제로 온라인 세미나를 개최했다.

[기대감에 두근두근! 마케팅 실천모임] 회원들 중에서는 음식점 및 소매점 같은 자영업에 종사하는 사람이 많다.

이번 코로나 사태에서 음식점 및 소매점 같은 자영업에 종사하는 분들이 가장 먼저 영향을 받았다. 실제로 많은 회원들이 코로나 사태의 영향을 아직도 받고 있다.

그러나 얼마 지나지 않아 흔히 말하는 코로나 불황과는 거리가 먼 사례들이 들려오기 시작했다.

"거의 영업을 하지 못했는데도 전년 대비 150% 매출을 달성했다."

"다른 동업자들 모두 어려움을 겪고 있지만 우리는 거의 영향이 없다."

"긴급사태 선언이 끝나는 순간 가게에 고객들이 몰려왔다."

코로나 위기 속에서 IT 관련 비즈니스와 이커머스 비즈니스가 호황인 것은 분명한 사실이다. 하지만 위에서 언급한 사례는 IT 관련이나 이커머스 비즈니스가 아니다. 음식점이나 소매점 등 현장에서 장사를 하는 사람들로부터 들은 것이다.

게다가 시간이 지나면서 그런 사례가 점차 늘고 있다는 것이다. 필자는 "2020년 이후엔 시대적 변화가 결정적으로 다가올 것이고, 그 전에 준비를 해둬야 한다."고 말해왔다.

설마 그 결정타가 코로나라는 팬데믹일 줄은 꿈에도 몰랐지만, 결국 준비를 해 온 회사나 가게는 이 위기에 전혀 휩쓸리지 않고 오히려 매출을 늘리고 있다.

코로나 이전 시대는 이제 돌아오지 않는다. 새로운 시대의 마케팅은?

그리고 다시 반년이 지나 2021년을 맞이했다. 2021년에는 코로나가 종식되고 예전의 일상을 찾을 수 있을 것으로 기대했지만, 유감스럽게도 예전 같은 일상은 되돌아오지 않았다. 오히려 코로나 변이 바이러스가 퍼지고 세계 각국이 국경을 닫는 비상사태 선언이 이어지고 있다. 고객이 다시 소멸할 수 밖에 없는 상황이 되었다.

설령 코로나 백신이 보급되더라도 이 상황은 당분간 바뀌지 않을 것이다. 지금과 같은 상황을 뉴 노멀(사회 전반적으로 새로운 기준이나 표준이 보편화되는 현상을 이르는 말)이라고 한다. 앞으로는 뉴 노멀에 적응하고 살아가야 한다고 각오를 할 수밖에 없다.

중요한 사실은 고객이 사라지고 있는 이 상황의 근본적인 원인이 코로나 바이러스가 아니라는 것이다.

고객이 사라지고 있는 현상은 대중들에게는 일시적이고 특이

한 상황으로 인식되고는 있지만 코로나 바이러스에 의해서 더 빨리 다가왔을 뿐이고 오래전부터 진행되고 있는 변화였다.

따라서 이 변화 속에서 살아가는 것은 오히려 자연스러운 것이다.

본서는 이러한 변화를 깨닫고 있는 사람과 변화 속에서 성공하고 싶은 사람을 위한 마케팅 뉴 노멀에 대한 내용을 다루고 있다. 이 책은 필자가 8년 만에 발간하는 비즈니스 관련 서적이다.

8년 만에 발간하는 비즈니스 관련 서적인만큼 더 의미가 있다. 예전에 쓴 책에서는 마케팅에 대해 전달하고 싶은 말을 제대로 표현하지 못했다는 생각이 들어 이 책을 쓰게 되었다.

2011년 박사 학위를 받고 연구 활동으로 바쁘다 보니 좀처럼 시간을 내기 힘들었다. 하지만, 이 와중에도 지금 큰 위기가 일어나고 있고 많은 사람들이 "어떻게 하면 좋을까?"라고 걱정하고 있다.

그런데 그 해답을 코로나 사태가 발생하고 1년이 지난 이 시점에서 회원 기업들의 사례를 통해 알 수 있었다.

「고객 소멸」 시대에 어떻게 하면 자신의 사업을 지키고 생존할 수 있을지에 대한 혜안을 보다 많은 사람과 공유하고 싶었다. 또한 이전에는 "A를 하면 B가 된다."는 것을 경험으로서 설명할 수 있었지만 "그럼, 왜 B가 일어나는 것인가?"에 대해서는 제대로 말할 수 없었다.

하지만 최근 수 년간 수행해 온 연구 활동에 의해 마케팅 인과관계를 시스템이론과 인간 행동 심리학이론을 통해서 설명할 수 있게 되었다.

본서에서는 우선 비교적 소규모 소매점이나 음식점 등의 사례를 다루고자 한다. 코로나로 인한 피해를 소상공인들이 많이 받았지만 소상공인들도 충분히 자신의 비즈니스를 지킬 수 있는 방법이 있다는 것을 알려주고 싶기 때문이다.

단, 두말할 필요도 없이 코로나로 인한 피해는 보다 규모가 큰 기업과 B2B 비즈니스를 하는 기업에도 미친다.

본서의 CHAPTER3 이후에서는, 보다 규모가 큰 기업과 B2B 비즈니스를 하는 기업이 어떻게 마케팅 전략을 세우고 상품 개발을 해야 할지에 대해서 말하려고 한다. 하지만 기업의 규모가 클수록 빠르게 변화하는 게 어려운 것은 사실이다.

따라서 CHAPTER5에서는 어떠한 조직 변화를 통해 코로나 위기의 시대를 극복하고 조직 변화의 근간이 되는 개개인 구성원들의 변화에 대해서도 말하고자 한다. 코로나로 인해 모든 것이 불안한 시대이긴 하다. 하지만 본서를 통해 위기를 기회로 바꾸고 해결할 수 있는 길도 있다는 것을 말하고 싶다.

본서가 「고객 소멸」 시대라는 아직까지 한 번도 경험하지 못했던 위기를 극복하는데 도움이 되었으면 한다.

2021년 2월 고사카 유지

차례

CHAPTER 1

「고객 소멸」 시대의 마케팅이란?

- 코로나 시대에도 가고 싶은 오프라인 매장 조성은 역시 중요
- 고객 접대는 아주 작은 것으로도 좋다
- 상품 수를 축소하면 '가치관'이 보다 명확해진다
- 축제를 만들자
- 팬덤의 최종적 모습은 '공동 커뮤니티'

CHAPTER 3
B2B 비즈니스에서도 고객을 팬덤으로 만드는 것이 관건이다

CHAPTER 6
애프터 코로나 시대에 필요한 것

「고객 소멸」 시대의 마케팅이란?

코로나 사태는
세계를 어떻게 바꿨을까?
필연적으로 다가올 미래의 예고편

현대 사회 역사상 처음으로
사람들의 이동이 멈췄다

1990년대의 버블 붕괴, 2008년의 리먼 사태, 2011년의 동일본 대지진 등 일본은 수많은 '위기'를 겪었다.

그러나 2020년 코로나 쇼크로 인한 위기는 위에서 언급한 일련의 사건들보다 더 큰 영향을 미치고 있는 것 같다.

그 중에서도 코로나로 인한 가장 중요한 변화는 "사람의 움직임이 멈추어 버렸다."는 것이다.

그래서 더욱 명확해진 사실이 있다. 그것은 바로 "사람의 움직임 그 자체가 경제를 만들고 있었다."는 것이었다.

일시적 정체나 역행은 있었다고 해도, 인류가 이동할 수 있는 범위는 지금까지 시대를 거듭할수록 넓어져 갔다. 과거에는 자신이 태어난 마을이나 마을 주변에서만 생을 마감했던 사람이 대부분이었을 것이다.

그러다가 말, 선박, 철도, 자동차, 항공기와 같은 교통수단의 발달로 서서히 이동할 수 있는 범위가 넓어졌다. 더불어 국가 간 관문 등 사람들의 이동을 방해하던 장애물도 점차 사라져 이제는 해외 여러 나라에 비자 없이 갈 수 있게 됐다. 유럽 국가들끼리는 국경을 넘는데 여권조차 필요 없다.

특히 최근 20~30년 동안 이러한 흐름은 지속적으로 더 빨라져왔다. 필자의 학창 시절에는 해외 여행은 아주 특별한 행사였지만, 지금은 대단한 것이 아니다. 또, 해외에서 일본을 방문하는 외국인 관광객이 점차 늘고 있었다.

세계는 점점 국경이 사라지고 있고 이러한 흐름을 역행하는 일은 일어나지 않을 거라고 많은 사람들이 믿고 있었다. 사람들의 자유로운 이동이 경제를 활성화시키고 있었다. 사람들이 자유롭게 움직이고 모일 수 있기에 비즈니스 무대가 확대되었다.

맛집으로 소문이 난 식당에는 전국에서 찾아 온 사람들로 가게가 문전성시를 이루었다. 약국형 상점인 드러그스토어 체인점에는 외국인 관광객들로 가득 찼고, 외국인 관광객을 대상으로 한 각종 사업은 활기를 띠고 있었다.

기업들도 소비 심리가 강한 대중을 위해서 수많은 상품과 서비스를 세상에 내놓고 있었다.

이러한 흐름이 코로나 바이러스에 의해서 단번에 멈추어 버린 것이다.

특히 코로나로 제일 힘든 곳은
서비스업

코로나 바이러스로 가장 먼저 영향을 받은 분야는 철도, 버스, 항공업계 등 운송 관련 사업이다. 해외에서 오는 관광객이 끊기자 외국인 관광객을 대상으로 투어 전세버스를 운영하고 있던 회사가 경영에 어려움을 겪고, 항상 만석에 가까웠던 신칸센은 텅 비게 되었다.

다음으로 코로나 직격탄을 맞은 곳은 직접 고객을 상대하는 소매 서비스 업종이었다. 사람들의 자유로운 외출이 불가능한 상황이니 당연한 결과였다. 온라인 기반 사업을 하고 있는 곳은 그나마 상황이 낫지만 배달로 해결할 수 없는 미용실이나 뷰티 클리닉은 어떻게 하면 좋을지 몰라 손을 놓을 수밖에 없는 상태가 되었다.

그간 AI로 인해 많은 업종이 사라질 수 있다고 예측되었지만, 미용실이나 뷰티 업종 등 사람의 손길이 필요한 업종은 IT 솔루션이나 AI로 대체하기 어려워서 전망 있는 업종이라고 말하고 있었다.

그러나 '사람과 사람이 직접 접촉하면서 이루어질 수밖에 없는 게 강점인 비즈니스'에서는 그 강점이 오히려 위험 요소가 된다. 코로나 위기는 기존의 승자와 패자를 뒤바꿔 놓았다.

이전에는 '사람들의 이동이 많은 장소'인 역세권, 쇼핑몰, 주요 번화가 등이 임대료가 비싸긴 했지만 상권의 중심지였다. 그러나 코로나 위기로 '사람들로 붐비는 장소'는 피해야 할 장소로 인식되어져 가장 먼저 문을 닫게 되었지만, 임대료는 아직 비싼 채 그대로이다.

사람들의 외출 자제를 의무화한 일본과는 다르게 완전한 록다운 상태였던 런던, 파리 등 유럽 대도시 등은 그 여파가 더욱더 컸을 것이다.

사람들이 돌아오지 않는 것은
'무의식 속의 선별'

코로나 사태로 일본이 가장 힘들었던 시기는 긴급사태 선언 발표에서 해제까지 약 1개월 반 정도인 2020년 4월초부터 5월 중순까지였을 것이다. 그렇다면 긴급사태 선언 해제 후 이전처럼 동일한 수의 고객이 돌아왔을까?

빠르게 원상복귀한 곳도 있지만 대부분의 가게와 기업은 그렇지 못했다. 결국 고객은 돌아오지 않았다. 도대체 무슨 일이 일어났던 것일까?

물론 긴급사태가 해제되었다고 해도 사람들이 바로 밖으로 나오지는 않았을 것이다. 여전히 외출하는 것은 꺼린다. 예전처럼 모임이나 회식도 자유롭지는 않다.

그러나 필자는 현재 위와 같은 표면적인 이유 뒤에는 보다 근본적인 이유가 있다고 진단하고자 한다.

사실 코로나 재앙 속에서 고객들은 무의식적으로 '선별'을 하고 있었다는 것이다. 그동안에는 습관적으로 방문했던 가게에 갈 수 없게 되자 이제 사람들은 그 가게에 굳이 갈 필요가 없다고 무의식 중에 선택을 하게 된 것이다.

혹은 "이 물건은 지금 없어도 별로 문제가 없다."라고 생각을 하며 소비를 안 하는 선택을 한 것이다.

오래전부터 저자는 "지금은 선별 소비가 이루어지고 있는 시대"라고 말하고 있었다. 그 결과가 '시간이 지나도 고객이 돌아오지 않는' 것이 되지 않았을까?

선별 소비란 사람들이 비용(돈, 시간, 인력 등)을 생각해서 써야 할 곳을 엄격하게 선택하고 선별하는 소비를 의미한다. 원래, 중세나 자연 재해 상황에서 사람들의 선별 소비 의식이 높아지지만 이번에는 바로 코로나로 인해 이 선별 소비 의식이 크게 높아졌다.

사회적 거리두기 이전에는 자주 갔던 가게 중에서 사회적 거리두기 때문에 못 갔던 가게들이 있을 것이다. 그런데 거리두기 단계가 낮아졌는데도 안 가게 된 가게는 없었는지 한 번 생각해 보면 좋겠다.

이러한 선별 행위는 의식적으로 행해진 것은 아닐 것이다. 오히려 대부분은 무의식 중에 그냥 머릿속에서 잊혀진 것일 것이다.

인간은 망각의 동물이다. 의식적이든 무의식적이든 상관없이 자기가 그 가게에 갈 필요가 없다고 선택한다면 머릿속에서 그냥 잊혀지게 되는 것이다.

어떠한 물건을 살 필요가 없다는 선택을 하게 되면 그 물건을 사용했던 사실조차도 잊게 된다.

한 번 사용해보면
푹 빠지게 되는 'ZOZO TOWN'

필자의 선별 소비 중 하나는 바로 의류 구매이다. 코로나 긴급 사태 선언으로 온라인 미팅과 웹 세미나가 늘어서 집에서 입을 옷이 필요했는데 그렇다고 외출을 마음 놓고 할 수 없는 상황이라서 어쩔 수 없이 'ZOZO TOWN'이라는 의류 온라인몰을 이용해봤다.

'어쩔 수 없이'라고 말하면 ZOZO TOWN한테 큰 실례일지도 모르지만 옷을 사는 것이 즐거움이었기에 솔직히 지금까지 "옷을 온라인으로 사는 것은 있을 수 없다."고 여기고 있었다.

그런데 ZOZO TOWN을 한 번 사용해보니 굉장히 편리했다. 옷의 종류와 옵션이 다양하고 자유롭게 착용 후에 사이즈가 맞지 않으면 무료 반품 및 교환도 가능하다.

"왜, 지금까지 ZOZO TOWN을 이용하지 않았을까?"라는 생각이 들 정도였다. 이 새롭고 신기한 경험을 통해서 필자의 머릿속에 있던 몇 군데의 옷 가게에 대한 기억이 없어졌다.

아마도 나와 비슷한 일이 일본 전국에서 일어나고 있을 것이다. 가장 두드러진 것이 생필품일 것이다. 아마존이나 라쿠텐을 통하면 바로 다음날 아니면 당일 배송이 된다. 무거운 짐을 들고 집에 올 필요도 없다.

그리고 고객의 구매 행동 패턴을 통해 아마존과 라쿠텐은 소비자의 선호도를 본인도 모르는 사이에 파악하여 자동 추천 상품을 계속해서 보여준다.

나의 행동 패턴이 다 알려진다는 것은 두렵기도 하지만 역시 편리하다. 이커머스 사이트와 IT비즈니스에 '잃어버린 고객'의 전부를 빼앗겨버린 것일까?

전날 밤부터 두근거리고
설레는 마음이 멈추지 않는 이유

위의 질문에 대한 대답으로 'S마트' 사례를 소개하고자 한다.

일본 중부 지방에 있는 지방 소도시 니가타(新潟)에서도 논과 산에 둘러 쌓여있는 작은 마을에는 45평 정도의 작은 슈퍼마켓 'S마트'라는 곳이 있다.

2020년 4월 발표된 일본 정부의 코로나 긴급사태 선언은 5월 들어 일본 전국 각지에서 단계적으로 해제됐다. 그러나 앞서 말한 대로 고객들이 바로 다시 돌아왔다고 말하기는 어려운 상황이었다.

이러한 상황 속에서 긴급사태 선언 해제 직후 'S마트'로 고객들이 몰려들기 시작했다. 접근이 편리한 위치에 있는 것도 아니다. 오히려 주변은 완전히 논과 밭으로 둘러쌓인 곳이다. 그럼에도 불구하고 재개점을 하자 바로 고객들이 몰려왔다.

'S마트'를 방문한 70대 중반의 한 손님은 가게 안으로 들어서자마자 주인에게 달려가 흥분해서 이야기하기 시작했다.

"사장님! 어젯밤부터 설렘이 멈추질 않았어요. '내일 S마트에 가자!'라고 남편이랑 약속하는 순간부터 쭈욱 두근거렸어요. 오늘 아침에 일어나도 설레는 거예요! 사장님 도대체 이 가게 뭐예요? 이 두근거림은 왜 안 멈추는 거예요?"라며 웃었다.

재개점 직후 고객이 많이 몰린 이유에 대해 긴급사태 선언 기간 동안 외출하기만을 기다리던 인내의 날들에 대한 기대 심리가 아닐까라고 생각했던 가게의 주인 스즈키 노리오 씨는 고객으로부터 이 말을 듣고 기뻤다고 한다.

스즈키 노리오 씨는 가게에 방문하는 손님으로부터 다음과 같은 말을 자주 듣는다고 말을 덧붙였다.

"왠지 온천 여관에 왔을 때의 기분이 든다."

"디즈니랜드보다 재밌어요."

"할머니가 그 즐거운 곳으로 다시 데려가 달라고 해요."

"아이가 그 가게에 또 가자, 또 가자 하며 하도 졸라대서…."

"주말에 여기 올 생각을 하면 일주일 동안 힘든 일을 열심히 할 수 있어요."

"나중에 이런 가게를 차리는 게 제 꿈이에요."

확실한 것은 S마트가 손님들로부터 이런 말을 들을 만큼 열심히 노력하고 있다는 사실이다.

가게 주인의 철학이 담긴 상품 진열, 읽는 것만으로도 즐거운 상품 설명 안내판, 방문한 손님들과의 친근한 대화 등등.

하루하루의 일상을 '즐거운가' '그렇지 않은가'에 기준을 놓고 개선한 것이라고 가게 주인 스즈키 씨는 말한다.

그러나 S마트는 시골에 위치한 작은 슈퍼마켓이다. 이 사례를 모든 슈퍼마켓 업계에 적용할 수 있을까?

작년 슈퍼마켓 업계는 코로나에 의한 대량 구매 수요와 3~4월에는 사재기도 있어서 실적이 좋았던 시기도 있었다. 그러나 그것도 7월까지만 지속되었다. 오히려 전년 대비 매출이 마이너스가 되어버린 슈퍼마켓도 적지 않았다.

이런 가운데 S마트의 매출은 2020년 1월부터 지금까지 줄곧 전년 대비 수준을 웃돌고 있다.

오히려 창사 이래 60년 만에 사상 최고치 매출액을 달성하였다.

그리고 중요한 사실은 아무리 이커머스 사이트가 편리해져도 S마트는 고객을 잃지 않았다는 것이다.

사람들이 구매하지 않게 된 것은
'이도 저도 아닌 어중간한 것'

2012년 나는 『'마음의 시대'에 세일즈』라는 책을 썼다. 이 책의 내용은 지금 세상은 '마음의 시대'를 향하고 있으며, 사람들은 물건 그 자체가 아닌 마음의 풍요로움을 소비하고 싶어한다는 것이다.

사람들이 물건을 사는 행위는 물건 자체를 갖고 싶은 것이 아닌 물건을 갖게 되면서 '마음이 풍요로워진다.'는 것이다. 이른바 '정리의 달인' 곤도 마리에가 말하는 '설레는 물건'이다.

또한 고객이 가게에 방문하는 것도 '마음이 풍요로워지는 것'에서 시작된다. 그리고 이러한 마음이 들게 하는 것에 대해서는 사람들은 돈을 아끼지 않는다.

'마음이 풍요로워지는 소비'는 사람들이 행복하게 살기 위한 에너지 충전인 것이다.

예를 들어 할리데이비슨은 생활필수품이 아니다. 할리데이비슨이 없다고 해서 생활이 곤란한 것은 아니며 단순히 이동 수단을 생각한다면 저렴한 스쿠터라도 괜찮다.

할리데이비슨의 팬들은 "왜 할리데이비슨을 타는 것일까?"

34

필자의 친구 중에서도 할리데이비슨을 타는 이들이 있어서 물어보니 "에너지를 얻으니까."라고들 대답했다.

나에게는 그림이나 도자기 같은 미술 작품이 그렇다. '설레는' 그림이나 도자기를 구매한 후 방 안에 장식해 두면 작품을 볼 때마다 좋은 에너지를 받게 된다.

사람에 따라서 피규어 수집이거나 디즈니랜드에 가는 것에서 에너지를 얻을 수도 있다. 이러한 행위 그 자체는 꼭 필수불가결한 것은 아니지만 "삶 속에서 에너지를 받을 수 있다."의 의미에서 사람에게 필요한 것이다.

한편으로 '반드시 소비하지 않으면 안 되는 것'이 있다. 이른바 생필품인 세제나 화장지 등 일용품이 그렇다. 생필품은 그 자체로 기능만 해준다면 어떤 제품을 살 것인지에 크게 집착하는 사람은 없다. 그래서 소비자들은 '가성비가 좋은' 상품을 구매한다.

코로나 상황 속에서도 이른바 '마음이 풍요로워지는 상품' 의 매출은 거의 떨어지지 않았다. 혹은 떨어져도 금세 회복되었다. 한편 생활필수품은 코로나로 인한 사재기 수요마저 일어났다. (생활필수품 수요의 대부분은 미리 당겨 산 것에 지나지 않았지만)

문제는 그 어느 쪽에도 속하지 않는 것들이다. 즉, '마음이 풍요로워지는 것'도 아니고 그렇다고 생활필수품도 아닌 물건들이 매출 회복을 하지 못한 범주에 속했을 가능성이 높다.

'S마트'의 사례에도 위의 이론이 적용된다. 앞서 소개한 'S마트'는 가성비가 좋은 가게이기 때문에 손님들로 북적북적한 게 아니다. 디즈니랜드보다 재미있기 때문에 선택되고 있는 것이다. 그래서 코로나 사태에서도 더욱 많은 손님이 몰리고 있는 것이다.

자신의 회사나 가게로부터 고객이 사라져버렸고 사라져버린 고객들이 돌아오지 않는다면 그 원인은 바로 이것이지 않을까?

원인은 바로 그 회사나 가게가 제공하고 있는 물건이 '마음이 풍부해지는' 것도 아니고 '가성비 좋은' 것도 아닌, 이도 저도 아닌 어중간한 것이기 때문이다.

현재 일어나고 있는 일은 '미래의 예고편'에 불과하다

지금까지 언급해 온 고객 소멸의 위기에 대한 이유가 과연 코로나 사태 때문일까?

사실 오프라인에서 온라인으로의 이동은 이미 오래전부터 진행되고 있었다. 아마존도 라쿠텐도 앞서 언급한 ZOZO TOWN도 이미 오래전부터 온라인 서비스를 개시했다.

구독형 모델의 대표주자 넷플릭스 등 새로운 서비스도 코로나 전부터 있었다.

"어중간한 것은 팔리지 않는다."는 현상 또한 코로나 전부터 존재했다.

위에서 열거한 사실들은 코로나로 인해 더욱더 명확해진 것에 지나지 않는다.

일본의 인구 감소를 예로 들어 쉽게 설명을 해보자. 저출산·고령화를 겪는 일본은 인구 자연 감소 사회이다. 따라서 앞으로 거리에 사람들이 줄어든다는 사실은 몇 년 전부터 예측할 수 있는 일이다. '인구의 변화 추이'는 거의 유일하게 확실하게 통계학적으로 예측할 수 있는 미래다. 현재 연령대별 인구 구성과 출산율 통계를 통해 예측할 수 있다.

그리고 이러한 '인구 변화'로 인한 사람들의 무의식적인 선별 소비 행위는 무섭도록 급격하게 진행되고 있다. 사람들로부터 선택 받지 못하게 된 가게나 상품에게 있어서 「고객 소멸」은 벌써 현실 속의 일이다.

지금 발생하고 있는 일은 미래의 예고편에 불과하다. 원래 다가올 수밖에 없었던 미래가 코로나 위기에 의해 빨리 찾아온 것이다. 이게 사실이다. 코로나 위기로 인해 사라져버린 고객은 어차피 사라져버릴 운명이었던 것이다.

그 가게가 '코로나 쇼크'에서도
매출을 늘릴 수 있었던 이유

지난 4월 '전년 대비 150% 매출'을 달성한
고급 레스토랑

"4월은 전년 대비 150%의 매출을 달성했습니다."

'반도'는 나고야에 있는 고급 레스토랑으로 완전 예약제로 운영된다. 이 레스토랑의 사례를 들은 것은 2020년 5월의 일이다.

'반도'는 프랑스의 유명한 레스토랑 가이드북 고에미요(Gault & Millau)에도 소개된 가게로, 예약을 잡는 것도 하늘의 별따기처럼 어려운 곳이다.

이 가게는 특별한 날을 위한 고급진 분위기의 레스토랑이다. 평소에 꼭 가지 않아도 되는 곳이기도 한데 코로나로 인한 외식업 업종의 영업 시간 제한이라는 상황 속에서도 어떻게 하여 전년 대비 150% 이상의 매출을 달성했을까?

'반도'가 코로나 영향을 받지 않았다는 것은 물론 아니다. 오히려 비싼 레스토랑이라서 코로나로 인한 영향은 엄청 컸다. 4월 코로나 긴급사태 선언이 내려지자 전부터 밀려있던 고객들의 예약이 한꺼번에 다 취소되었고 가게도 당분간 문을 닫아야 했다.

레스토랑을 찾아오는 고객들이 갑자기 사라져버린 가운데 '반도'의 오너쉐프인 토시 씨는 자기가 할 수 있는 것이 무엇일지 생각했다.

그는 "맛있는 것을 먹고 싶지만 외식을 할 수 없어서 그에 대한 욕구가 쌓여 있는 사람이 있을 것이다."라고 생각했다고 한다. 그래서 레스토랑이 문을 닫아야만 했던 시기에 생각해 낸 아이디어가 3000엔짜리 도시락과 8000엔짜리 고급 도시락이었다.

원래부터 SNS로도 활발히 손님들과 소통하고 있었기 때문에 바로 "최고로 맛있는 도시락을 만듭니다."라는 게시물과 메뉴를 개발하는 과정의 스토리를 올리며 사람들과 소통하였다.

SNS상의 글을 보고 사람들로부터 엄청나게 많은 응원의 메시지가 도착하였고, 도시락 포장지의 문구도 단골 고객인 서예가 선생님이 써주셨다.

드디어 도시락이 출시되자마자 폭발적으로 주문이 들어오기 시작했다. 그러다 보니 4월달 매출은 전년 대비 1.5배가 되어 있었다고 한다.

'심야영업 금지'라는 절체절명의 위기로부터 바(Bar)를 구한 비책은?

일본 신오사카(新大阪)에 있는 '바 키스'(Bar Keith)의 사례를 소개하고자 한다. 비상사태 선포로 오후 8시 이후에 영업 금지 상태인 가운데 가장 속수무책으로 힘들어하는 곳은 술집일 것이다. 술집이 심야영업을 할 수 없다는 것은 생사의 갈림길에 있는 큰 문제다.

이런 상황에서 바 키스(Bar Keith)는 4, 5월의 매출은 떨어졌지만 전년 대비 마이너스 6%대를 유지했고 6월 이후에는 전년 대비 매출이 증가했다.

절체절명의 순간에서 지지를 보내준 사람들은 바로 바 키스 (Bar Keith)의 사장 야마모토 테루히코 씨가 '회원'이라고 부르는 고객들이다.

바 키스(Bar Keith)는 부부가 20년 넘게 운영하고 있는 술집이다. 야마모토 테루히코 씨는 그동안 꾸준히 단골 고객과 관계를 맺고 있다가 2019년 단골 고객을 위한 멤버십 제도를 도입했다. 한 병당 몇 십만 원씩 하는 고급 위스키가 단골들만의 예약으로 다 팔린다고 하니 사장님과 단골손님들의 끈끈한 유대감을 알 수 있다.

2020년에 단골을 위한 멤버십에 가입한 고객 수가 500명 정도 있었고, 그런 가운데 코로나 사태가 발생했다. 바 키스(Bar Keith)는 정부의 코로나 긴급사태 선포 직전에 500여명의 고객들에게 엽서를 보냈다.

그 엽서에는 개업 이래 코로나 사태로 인해 위기라는 것과 동시에 안주의 온라인 판매와 테이크 아웃을 하겠다는 내용이 담겨 있었다. 안주라고 해도 바의 안주니까 가격이야 뻔했지만 그럼에도 불구하고 전년과 비슷한 매출을 낼 수 있었다.

그 이유는 바로 멤버십에 가입한 500명 중 절반이 넘는 276명이 가게를 꾸준히 이용해줬기 때문이다.

또한 온라인 판매와 테이크 아웃도 회원 이외의 사람들도 이용할 수 있었지만 구매의 대다수는 거의 대부분이 회원들이었다.

한때 크라우드 펀딩을 이용해 코로나 위기를 극복할 자금을 조달하려는 움직임이 활발했지만 이건 크라우드 펀딩과는 전혀 다른 내용이다.

바 키스(Bar Keith)의 사례는 일방적으로 도움을 받은 것이 아니고 어디까지나 판매라는 행위를 통해 고객에게도 도움이 되는 것이었다.

크라우드 펀딩은 한 번만 할 수 있지만, 장사라면 대책을 바꾸고, 물건을 바꾸고 몇 번이고 시도할 수 있어서 여러 번 위기에 대응할 수 있다. 그리고 필자가 거듭 강조하고 싶은 것은 바 키스(Bar Keith)의 사례가 특별하지 않다는 것이다.

[기대감에 두근두근 마케팅 실천모임]에서 위의 사례와 비슷한 내용이 지속적으로 소개되고 있다. 사례들을 읽는 동안에는 '코로나 위기'라는 단어를 순간적으로 잊어버린 것 같은 느낌이 들기도 했다.

한 번만 찾아오는 유동 고객이 아닌
단골 고객을 갖고 있는가?

위에서 언급한 두 사례를 통해 고객 소멸 시대의 경쟁에서 살아남기 위한 비즈니스의 핵심을 분명하게 알 수 있다.

하지만 위의 사례에서 언급한 해결책만을 생각하고

"온라인 판매를 하면 좋지 않을까?"

"고객들에게 '개업 이래 최고의 위기'라고 호소하면 모든 게 해결되겠지?"

라고 생각한다면 문제의 본질을 놓치는 것이다. 여기에서 중요한 사실은 위에서 언급한 사례의 경우에는 단골 고객을 보유하고 있었던 것이다.

한 번만 찾아오는 유동(Flow)고객이 아닌 단골(비축, Stock)고객을 갖고 있었던 게 핵심 포인트이다.

유동(Flow)과 비축(Stock)은 일반적으로 경제학 또는 회계학에서 사용하고 있는 전문 용어이다.

유동(Flow)은 일정 기간 내에 움직이는 것을 의미한다. 회계로 말하자면 매출이나 비용 등을 가리킨다. 한편, 비축(Stock)은 '저축된 것'으로 회사가 지니고 있는 설비 등의 자산을 의미한다.

이 용어를 마케팅적으로 바꾸면 [Flow=몇 번만 방문하는 유동 고객], [Stock=단골 고객] 이라고 할 수 있다.

물론 고객은 유동(Flow)과 비축(Stock) 모두 중요하다. 유동 고객 자체가 없으면 단골 고객도 생기지 않는다는 의미에서는 모든 비즈니스는 유동(Flow)으로부터 시작된다고 말할 수 있다.

단지 코로나의 영향을 받지 않았던 것은 명확하게 단골 고객을 보관 유지하고 있는 [비축형(Stock) 비즈니스]를 실시하고 있던 기업이나 점포였던 것이다.

유동성(Flow)은 수도꼭지에서 흘러나오고 있는 물이고, 비축(Stock)은 급수 탱크, 저수조 등에 비유할 수 있다. 유동성(Flow)이 멈춘다는 것은 수도꼭지가 잠긴다는 것이다.

이 때 물을 급수 탱크나 저수지에 모아둔 사람은 잠시 물을 사용할 수 있지만 그렇지 않은 사람은 전혀 물을 쓸 수 없게 된다. 코로나 사태는 바로 이 수도꼭지가 잠긴 것이랑 똑같다.

유동형(Flow)과 비축형(Stock)의 차이에
깜짝 놀라다

일본의 이즈·이토(伊豆·伊東) 지방을 중심으로 10개의 화과자 (일본의 전통 과자)점을 운영하는 '세키슈안(石舟庵)'의 예를 소개하고자 한다. '세키슈안(石舟庵)'은 '아타미(熱海) 지역 경제 활성화 정책'으로 인한 정책적 효과 등도 있어 최근 몇 년간 실적은 순조로웠다. 하지만 2020년 4월 갑자기 고객이 소멸됐다.

유동성(Flow)이 사라진 것이다. 즉, 물이 나오는 수도꼭지가 잠겨 버린 것이다.

'세키슈안(石舟庵)' 사장 다카기 씨는 당시에 우선은 정체를 알수 없는 이 코로나 바이러스에 대해 종업원의 안전이 제일이라고 생각해 전 점포의 휴업을 결정했다. 그러고 나서 식자재 손실이 발생하지 않도록 점포별로 오픈 일정을 조정했다. 4월 하순에는 차례차례 하나씩 점포를 닫았다가 다시 영업하기 시작한 것은 5월 중순부터였다.

각 점포의 영업이 순차적으로 재개하는 가운데 그는 묘한 사실을 깨달았다. 매출이 빠르게 회복된 점포가 있는 반면 더디거나 전혀 회복되지 않는 가게들도 있었던 것이다. 이 둘은 확연하게 나누어졌다.

'세키슈안(石舟庵)'은 지역마다 지점이 있었는데, 입점 지역만의 차이로 보기 어려웠다. 그리고 당연히 각 지점들은 같은 상품, 같은 서비스를 제공하고 있었다.

다카기 씨는 이것이 필자가 이전부터 말했던 유동형(Flow)과 비축형(Stock) 가게의 차이일 것이라고 생각했는데, 그의 분석이 맞았다.

코로나 위기 속에서 줄었던 매출이 바로 회복되었던 점포는 '뜻밖에'도 비축형(Stock) 고객을 확보하고 있었던 곳이었다. 그렇지 않은 곳은 유동형(Flow) 고객만 있던 점포였다.

여기서 필자가 '뜻밖에'라는 단어를 쓴 이유는 회사나 점포 고객을 진심으로 소중하게 생각하고 적극적인 커뮤니케이션을 했지만, "고객을 비축형(Stock)으로 관리해야 한다."는 목표하에 의식적으로 계획하고 관리해 왔던 것은 아니었기 때문이다.

그렇다면 '뜻밖에' 비축형(Stock) 고객이 된 사람들은 누구였을까?

바로 현지 지역의 주민들과 그 지역에 별장을 갖고 있는 사람들이었다. 유동형(Flow) 가게의 주된 손님들은 이즈에 여행 갔을 때 '세키슈안(石舟庵)'에 한 두 번 방문하는 정도의 관광객들이다.

그는 유동형(Flow)과 비축형(Stock)의 차이가 너무 커서 깜짝 놀라며 그것을 드러내는 지표를 수치로 말해주었다. 6월이 되자 새로운 이벤트 효과로 매출이 늘어났지만, 성장을 보인 곳은 비축형(Stock) 가게뿐이었다.

유동형(Flow) 비지니스와 비축형(Stock) 비지니스

유동형(Flow)

- 흐르고 있는 것
- 신규 고객, 한 번 방문한 적이 있는 고객
- 사람의 왕래가 많은 장소, 눈에 띄는 장소에 입지가 중요함
- 광고, 검색 엔진 키워드 광고 등으로 고객 모집. 1일당 이용 고객수와 매출이 중요
- 경기 변동 영향이 큼

비축형(Stock)

- 저장되어 있는 것
- 단골 손님, 재방문, 회원, 팬
- 입지보다는 지속적인 커뮤니케이션이 중요
- '단골 고객 수'나 '고객 리스트'를 중시
- 경기 변동의 영향이 적음

비축형(Stock) 가게라고 볼 수 있는 5곳의 매출 합계는 전년 대비 154%라는 놀라운 성장을 보여주었다. 이와 비교해서 유동형(Flow) 5곳의 매출은 전년 대비 46%에 그쳤다. 같은 이벤트, 같은 상품, 서비스를 제공하는 가게라도 비축형(Stock)인지 유동형(Flow)인지에 따라서 이렇게 큰 차이가 발생한다는 것은 놀라운 사실이다.

게다가 가을에 들어서 일본 정부의 Go To 캠페인*이 시작되자 이즈 지역에 관광객이 다시 오기 시작했고, 유동형(Flow) 가게의 매출도 회복되었다. 그럼에도 불구하고 6월부터 11월까지 매출을 비교하면, 비축형(Stock) 5개 점포의 매출은 합해서 전년 대비 103%인 반면 유동형(Flow) 5개 점포는 전년 대비 76%에 그쳤다.

그리고 무엇보다도 중요한 것은 5월에 영업을 재개했을 때, 비축형(Stock) 가게에 찾아오는 고객들이 했던 말들이라고 한다.

"세키슈안(石舟庵)에 그동안 못 와서 너무 서운했어요."

"세키슈안(石舟庵) 단팥과자를 정말 먹고 싶었어요."

---

* Go To 캠페인(일본어: Go To キャンペーン)은 2020년에 일어난 일본의 코로나 범유행으로 인한 영향과 그 유행에 따른 비상 사태 선언으로 인하여 피폐된 경제를 부흥시키는 것을 목적으로 한 일본 거주자와 일본 내를 대상으로 하는 일본 정부에 의한 경제 정책이다.

고객들로부터 이러한 말을 듣고 다카기 씨를 포함하여 종업원들 모두 감동했다. 그리고 고객을 위해서 무엇을 해야 하는지 분명해졌다고 한다.

이후에 세키슈안(石舟庵)은 전체 가게를 비축형(Stock)으로 운영할 수 있도록 전력을 다하고 있다.

비축형(Stock) 비즈니스에서 '입지'는 중요하지 않다.

유동형(Flow) 비즈니스의 가장 중요한 요소라고 할 수 있는 '입지'는 이번 코로나 위기 때 큰 타격을 입게 되었다.

역세권의 상권, 쇼핑몰, 번화가의 중심지 등 원래부터 유동 인구가 많은 곳에 가게를 내어 항상 손님이 끊어지지 않도록 하는 게 유동형(Flow) 비즈니스의 왕도였다.

그 고객 중에 일부분은 '의도치 않게' 단골 고객이 되는 경우도 있었으나, 비율로 봤을 때에는 항상 유동형(Flow) 고객이 많기 때문에 유동성이 원활하지 않게 되어버리면 순식간에 위기에 봉착하게 된다.

한편, 비축형(Stock) 비즈니스에서는 기존 고객을 철저히 중시한다. 물론 유동형(Flow) 고객의 흐름도 중요하지만 그것보다 기존 고객과 지속적으로 소통하고 오랫동안 관계를 유지하는 것을 목표로 한다. 입지는 반드시 중요한 것이 아니다. 그래서 유동형(Flow)이 잠시 끊겨도 살아남을 수 있다.

이는 고객 소멸 시대에 비즈니스를 지속해 나가기 위해 결정적으로 중요한 일이다. 자신의 비즈니스를 어떻게 유동형(Flow)에서 비축형(Stock)으로 전환할지가 관건이다.

물론 "상권 좋은 곳이 의미가 없다."거나 "상권 좋은 곳이 좋지 않다."라는 의미는 아니다.

앞서도 모든 비즈니스가 유동형(Flow)에서부터 시작된다고 언급했듯이 코로나 사태만 아니었다면 좋은 상권에 위치한 가게에는 고객들로 붐볐을 것이다. 하루 방문 손님이 많다거나 가게 앞을 많은 사람들이 오간다면 비축형(Stock) 비즈니스에서 봐도 잠재력이 있는 것이다.

필자가 좋은 상권에서 비즈니스를 하고 있는 분들에게 항상 지속적으로 강조한 것은 "유동형(Flow) 고객을 비축화(Stock)하라."였다.

가장 중요한 것은 많은 유동형(Flow) 고객을 비축형(Stock) 고객으로 전환시킬 수 있을지 여부이다.

4톤이나 남았던
달걀이 순식간에

그리고 가게를 찾아오는 고객들이 많아져서 매출이 늘어나기를 원한다면 꼭 '고객 리스트'를 만들어야 한다.

코로나 사태로 인해 많은 사람들이 사회적 거리두기 상황에 놓였고 집 안에서 보내는 시간이 늘어났다. 고객들이 거리에 돌아다니지 않는 기간 동안 매출의 명암을 나눈 것은 바로 '고객리스트 유무'이다.

코로나 위기로 고객이 사라지면서 가게의 문조차 열지 못하는 상황이 되었다. 많은 가게가 당장 내일이 아닌 오늘 어떻게 살아남을지에 대해서 걱정을 하는 상황이 된 것이다.

하지만 고객 리스트만 있으면 살아남을 수 있다. 앞서 언급한 레스토랑 반도는 SNS를 통해서 고객에게 메시지를 전달하였고 바 키스(Bar Keith)는 고객에게 엽서를 보냈다.

새로운 사례도 소개하고자 한다. 도쿄 인근 가나가와현(神奈川

県) 사가미하라(相模原)에서 양계장을 하는 '옛날 맛 달걀농장'이야기다.

'옛날 맛 달걀농장'은 주로 업소용 계란을 납품하는 업체로 고객들은 음식점과 도매 슈퍼마켓 그리고 직판을 통한 일반 소비자들이다.

예년 같으면 3월부터 4월은 수요가 가장 많은 시기였지만 코로나가 유행이 시작될 무렵인 2020년 2월 중순 이후 음식점으로부터 달걀 주문이 확 줄어들었다. 엎친 데 덮친 격으로 생산량을 줄일 수도 없었다.

그 결과 4톤이라는 어마어마한 양의 달걀이 남게 되었다. 달걀의 상품성을 결정하는 요소는 바로 신선도이다. 하루빨리 유통되지 않으면 달걀을 폐기 처분해야 한다.

이러한 절체절명의 위기에서 '옛날 맛 달걀농장'을 구한 것은 바로 고객 리스트였다. 대량으로 달걀을 구매하는 음식점도 코로나로 위기를 겪고 있었기 때문에 아무리 부탁한다고 하더라도 구매해 주지 않았다. 슈퍼마켓이 역시 부탁한다고 갑자기 대량으로 주문해 주지는 않는다. 하지만, 일반 소비자는 어떨까?

그동안 꾸준히 관계를 유지하고 있었던 일반 소비자 고객 리스트를 대상으로 다이렉트 메일(DM)을 보내며 이렇게 말했다.

"코로나로 인한 긴급상황입니다. 도와주세요!"

이 메시지를 고객 리스트에 적혀 있는 메일 주소로 고객들에게 메일을 보내자 바로 답변이 오기 시작했다. 그 결과 4톤에 달하는 재고 달걀이 순식간에 매진되었다. 오히려 고객의 주문 수요를 맞추기 위해서 애를 먹을 정도였다.

그 결과 '옛날 맛 달걀농장'의 매출은 순조롭게 성장하여 3월 이후의 매출은 전년 대비 136% 증가했다고 한다.

해결책은 존재한다는 사실이 중요

물론 계속해서 고객들에게 "도와주세요."라며 DM으로 도움 요청을 보내는 것만이 정답은 아니다.

레스토랑 반도나 바 키스(Bar Keith)의 사례를 통해 알게 된 온라인 판매, 테이크아웃 전환은 어디까지나 위기 상황시의 대책이다.

레스토랑이 고급 도시락 판매만으로 계속 매출을 올릴 수는 없고 술집도 안주 판매만이 100% 해결책은 아니지만 이러한 해결책을 통해 위기 상황을 일시적으로 극복하긴 하였다.

하지만 레스토랑 반도는 결국 고급 도시락 온라인 판매를 중지했다. 직접적인 이유는 여름철 식중독에 대한 우려 때문이었지만, 가게를 직접 찾아오는 손님이 증가하게 되었기 때문이다.

고급 도시락 판매로 새롭게 생겨난 손님을 포함하여 많은 고객이 긴급사태 선언 해제 후에 가게를 방문하기 시작했다. 또한 긴급사태 해제 후에도 레스토랑 내 입장 가능한 고객 수가 정해져 있었기 때문에 자리를 줄일 수밖에 없다는 점을 역이용해 특별한 세트 메뉴를 구성해 하루 6석 한정으로 3일 동안 진행하였다.

그 결과 3일 동안의 매출은 무려 150만 엔에 달했다. 세트당 가격은 짐작할 수 있을 것이다. 이런 특별 한정 스페셜 메뉴가 순식간에 다 매진되었다.

여기에서 다시 한 번 강조하고 싶은 것은 [Stock형 고객 유치] 와 [고객 리스트]라는 좋은 무기를 갖고 있으면, 고객이 소멸하는 절체절명의 위기가 발생하더라도 '비상시 해결책'이 될 수 있다는 것이다.

눈 앞의 위기에 굴복하거나 위기를 또 다른 기회로 만들어 성공하든 (어느 쪽이든 간에) 자신의 비즈니스를 지키기 위한 어떤 방법을 쓸 수 있는지 없는지 그 차이는 매우 크다.

'고객 리스트'라는 자산

일본 동북부 센다이(仙台)의 주택 리모델링·리폼 사업을 하는 '주식회사 스위코(Suikoo)'의 사례를 통해 '고객 리스트'가 왜 중요한 자산인지 말하고자 한다.

이 회사는 물 배관 제조사의 쇼 룸 이벤트 및 주택 리폼과 리모델링 보조금 활용에 관한 세미나를 실시해 왔다. 세미나의 목적은 신규 고객 수주이다.

마케팅 수단은 주로 현지 신문 기사의 광고를 통해 이루어졌다. 신문 기사 광고를 통해서 그동안 500회 가까이 세미나를 개최하여 2400명 이상이 참가한 적이 있다. 하지만 코로나로 인해 상황이 급변했다. 코로나 감염 방지를 위해 제조사의 쇼룸을 사용할 수 없게 된 것이다.

이 상황에서 세미나가 열리는 곳을 본사로 변경해 보았지만 예전처럼 고객들이 방문하지 않았다. 그때부터 해결책을 생각하였다. '무작정 기존 미디어를 활용한 광고 효과는 미미하고 코로나로 인해서 많은 사람이 올 수 없다면 본사가 지니고 있는 고객 리스트를 사용해 좀 더 세부적인 접근법을 실행하면 어떨까' 하고 생각한 것이다.

일단 시범적으로 평소에 자주 주문을 하고 소개를 해 주는 적극적인 고객 리스트에서 100명을 선정하고 과거에 세미나 참석한 적은 있지만 아직 주문을 하지 않았던 고객 리스트에서는 무작위로 추첨하여 DM을 보내봤다. 그 결과 이 200명 중에서 1건의 계약이 발생하여 300만 엔 규모의 수주가 이루어졌다.

이 경험을 바탕으로 200명의 고객리스트를 다시 추출해 DM을 보내서 3건의 계약이 추가되어 총 1,200만 엔의 매출을 올리게 되었다.

'주식회사 스위코(Suikoo)'의 DM 캠페인 담당자는 "고객리스트가 요술램프처럼 보였다."고 말했다. 그렇다! 요술램프 같은 고객리스트는 기업에 있어서 가장 중요한 자산이다.

기업을 구성하는 '자산'의 종류는 많다. 직영점과 대리점, 공장, 인력, 기술과 노하우가 대표적이다. 하지만 현재와 같은 큰 격변기에는 위에서 언급한 자산이 진부해져 버린다. 그러나 고객 리스트는 이런 시대에도 가치를 잃지 않는 기업에 있어 가장 큰 자산인 셈이다.

마음이 풍요로워지는 비즈니스는
지금이 기회이다

'고객의 시간'은
오히려 늘고 있다

독자 여러분은 외출을 자제하는 가운데 이런 생각이 든 적이
있었는가?

'코로나 때문에 자주 가던 그 가게를 못가서 좀 허전하네.'

고객들에게도 설레는 장소나 가게는 소중하다. 감성의 시대인
지금, 사람들은 단순한 물건이 아니라 자신의 마음을 충족시켜

줄 만한 물건이나 장소를 찾고 있다.

이렇게 생각했을 때 실은 코로나 위기는 '마음이 풍부해지는' 비즈니스를 하고 있는 회사에 있어서는 큰 기회가 될 수 있다는 것을 알 수 있다.

인간은 즐거움 없이는 살 수 없다. 여기에서 말하는 '즐거움' 은 사람으로서 더 잘 살기 위한 에너지 충전이다.

하지만 지금은 코로나로 인해 해외 여행도 못 가고 놀이공원 도 마음 편히 갈 수 없다. 그렇다면 오히려 사람들은 가까이에 있는 '룸이 있는 식당이나 코로나 예방 수칙을 제대로 준수하며 영업하는 미용실을 가볼까'라고 생각하게 될 것이다.

오히려 현재 사람들은 새롭고 다양한 선택 사항을 놓고 선택 할 수 있다. 이것은 또 다른 의미로 기회이다. 바로 지금이다.

하지만 많은 회사들은 이에 대해 뾰족한 대응책이 없다. 혹은 고객 리스트가 없으니 고객들에게 메시지를 전달할 방법이 없다. 그 결과 아마존 프라임이나 넷플릭스에 고객을 빼앗기고 있다.

좀더 정확히 말하면 그들에게 빼앗긴 것은 '고객' 그 자체가 아니라 '고객의 시간'이다. 밖으로 놀러 나갈 수 없게 되었고. 재 택 근무 등으로 출퇴근하느라 힘든 시간을 보내지 않아도 된다.

그렇게 남은 시간은 현재 넷플릭스 등에서 영화를 보거나 스마트폰으로 게임을 하는데 사용하고 있다.

그렇다면 이 시간을 어떻게 하면 비즈니스에 사용할 수 있을까? 사고의 전환이 중요한 시점이다.

하루 아침에 몇 백만 엔짜리 옷을 산 여성이 말한 어떤 사연

이번에 소개할 사례는 매우 상징적이다. 도쿄의 부유한 거리 미나토구 아오야마에 있는 아오야마 에리하나(青山 ゑり華, Aoyama Erihana) 기모노 가게의 이야기다.

긴급사태 선언이 끝나고 나서 잠시 지났을 무렵, 좋은 옷이 꽤 저렴한 도매 가격에 가게에 들어오게 되었다. 그래서 가게 주인 하나오카 류조 씨는 어느 단골손님에게 이 가격대에 살 수 없는 정말 좋은 옷이 들어왔다고 연락했다.

이 단골손님은 80세가 넘은 멋쟁이 할머니인데, 코로나 때문에 가게에 방문하려고 할지 걱정을 했지만 가게에 나타났다.

할머니는 그 옷을 포함해 몇 백만 엔어치의 상품을 한 번에 사갔다고 한다. 하나오카 씨에 의하면 그때 이분은 이렇게 말했다고 한다.

"하나오카 씨, 내가 앞으로 몇 번이나 벚꽃을 더 볼 수 있을 것 같아? 앞으로 몇 번이나 여행을 더 갈 수 있을까? 앞으로 몇 년 이나 더 건강하게 살 수 있을지는 알 수 없다고!"

맞다. 그녀는 사실 코로나로 우울해 하고 있었던 것이다. 사실 그녀는 지난 반 년 동안 가려고 했던 해외 여행이나, 해외에서 올 오케스트라 단원들의 연주회, 오페라 티켓을 모두 환불하고 돈을 쓰고 싶어도 쓸 수 없는 형편이었다.

그러던 차에 하나오카 씨의 연락을 듣고는 신이 나서 가게로 방문했던 것이다. 좋은 옷에 팔을 넣어서 입어보는 행복한 기분 을 맛보고 싶었다. 그녀가 산 것은 기모노라는 옷이 아니라 마음 이 풍요로워지는 행복이었던 것이다.

앞에서 고객이 되돌아오는 비즈니스는 마음이 풍요로워지거 나 가성비가 좋거나 둘 중 하나의 가치를 제공하는 회사라고 언 급했다.

코로나 위기는 오히려 마음이 풍요로워지는 가치를 제공할 수 있는 기업들로서는 하늘이 준 최고의 기회이다.

그리고 아오야마 에리하나의 손님이 그랬던 것처럼 '마음이 풍요로워지는' 쇼핑에 고객들의 마음은 움직인다.

코로나 위기를 해결하기 위해
'대증요법의 함정'에 빠져서는 안 된다

한편, 코로나 위기로 경영을 어려워진 회사는 눈앞의 매출 확보에 급급하여 고객의 '마음의 풍요'에 대해 생각하지 못하는 경우가 많은 것 같다.

눈앞의 매출 확보가 나쁘다는 것은 아니다.

코로나 위기로 급작스럽게 매출이 끊기게 된다면 그럴 수밖에 없는 현실이다. 하지만 거기에는 위험한 덫이 기다리고 있다.

필자가 대학원 박사과정 때 배운 학문 분야 중 하나로 '사회시스템 과학'이라는 분야가 있다.

사회시스템 과학에서 자주 언급되는 사회에서 흔히 볼 수 있는 패턴의 하나로 '대증요법*의 함정'이라고 하는 것이 있다.

이것은 눈앞에 있는 문제를 바로 해결할 수 있는 단순 처방 선택지를 선택함으로써, 문제가 근본적으로 더욱더 악화되는 것을 의미한다. 위기 상황일수록 많은 사람들이 이 함정에 빠지기 쉽다.

코로나 위기에 국한된 것은 아니지만 이른 바 재고 정리, 창고

---

* 어떤 질환의 환자를 치료하는데 있어서 원인이 아닌, 증세에 대해서만 실시하는 치료법

정리 폭탄세일이 전형적 사례라고 말할 수 있다. 어쨌든, 가격을 싸게 하면 손님이 많이 와서 매출이 늘어날 것이라고 예상을 하고 세일을 한다.

30% 세일! 50% 세일!

상품 불문하고 싼 도매가격으로 매입하여 싸게 파는 경향은 코로나 위기 속에서 오히려 심해졌다.

심지어 세탁업계에서는 세탁소에서 손님이 봉투를 구매한 후 "그 봉투에 옷을 가득 채워서 가지고 오면 봉투에 들어 있는 옷은 전부 다 세탁을 해드립니다."라고 하는 사례도 있었다.

이렇게 해서 만약 오늘 하루 매출 증가한다고 해도 과연 비축형(Stock) 고객이 될까?

여기에 코로나로 인해 음식점들이 잇달아 우버이츠(Uber Eats)에 등록해 배달에 뛰어든 것도 함정에 빠질 위험성을 내포한다.

물론 배달 자체는 나쁘지 않다. 그에 따라 확실히 일시적으로 매출도 오를 것이다.

그러나 배달 중개 플랫폼으로 고객이 비축형(Stock)이 될 것이라고 생각하면 과연 어떤 결론이 나올 수 있을까? 보통 음식점의 가치란 음식 자체뿐 아니라 그 음식점의 분위기와 서비스 등 모든 것을 포함한다. 요리만으로 가치를 전하는 것은 한계가 있다. 만약에 배달이 늦어진다거나 다른 주소지에 배달되는 실수가 벌어진다면 그 가치가 오히려 마이너스가 될 수 있다.

게다가 우버이츠(Uber Eats) 플랫폼을 사용하는 이상 고객에게 직접 다가갈 수는 없다. 주문한 고객의 정보는 우버이츠(Uber Eats)에 있기 때문에 그 가게는 고객 리스트를 확보할 수 없다. 비축형(Stock) 비즈니스를 하는데 있어서 고객리스트를 다른 플랫폼이 갖고 있다는 것은 간과해서는 안 될 문제이다.

정부의 'Go To 캠페인' 모르핀일뿐이다!

또 하나, 필자가 '대중요법의 함정'으로서 우려하는 것이 일본 정부의 'Go To 캠페인'이다.

물론 당장의 위기를 모면하기 위해서는 유익한 수단이라고 생각한다.

그러나 거기에 너무 의존하면 주객이 전도된다. 'Go To 캠페인'을 통해 할인된 가격으로 가게를 방문한 사람이 과연 추후에 정상 가격으로 돌아온다고 하더라도 계속 그 가게를 찾을지는 미지수다.

게다가 'Go To 캠페인'은 제한된 정부의 예산을 통해서 사용된다. 미래에도 계속 지속되지는 않는다. 기타 다른 보조금을 포함해 이러한 종류의 대책을 일종의 '모르핀'이라고 생각하는 것이 좋을 것이다.

모르핀 효과가 반짝 있을 때 비즈니스의 체질 개선을 도모하고 유동형(Flow) 비즈니스에서 비축형(Stock) 비즈니스로 변하지 않으면 안 된다. 그렇지 않으면 모르핀에 중독되고 모르핀 없으면 살아갈 수 없게 돼 버린다.

정신심리학적으로 사람은 불안 심리가 증대할수록 시야가 좁아져 단편적인 결정을 내리게 된다고 한다. 물론, 매일 자금 흐름에 쫓기는 가운데, 장기적인 시야에서 사물을 제대로 바라보는 것은 지극히 어려운 일이다.

그러나 그것을 하지 않으면 안 된다.

왜냐하면 당신의 사업을 지켜주는 사람은 국가가 아니라 당신 자신이기 때문이다.

04

B2B 비즈니스도 '유동형(Flow)에서 비축형(Stock)으로'

B2B 비즈니스의 근간도 결국은 '최종 고객'이다

지금까지 소개한 것은 주로 소규모 점포나 중소기업의 사례들이다.

"규모가 큰 기업에는 통하지 않는 이야기다."

"B2B 비즈니스에는 도움이 안 된다."

그렇게 생각한 독자 분도 있을 것이다.

그러나 그것은 오해다. 실제로 대기업에 있어서도 B2B 비즈니스에도, '유동형(Flow)으로부터 비축형(Stock)으로'는, 애프터코로나에서 살아남기 위한 중요한 키워드다.

실제로 필자 앞으로 B2B 기업으로부터의 많은 케이스가 도착했고 놀랄 만한 성과를 올리고 있는 곳도 적지 않다.

최종 고객과 직접 접하지는 않는 'B2B' 업종에서는 B2C의 업종에 비해서 고객 소멸의 위기감은 그렇게까지 절실하지 않았을지도 모른다.

그러나 어떤 비즈니스도 결국은 공급망(Supply-Chain)의 끝에 최종 고객이 있다. 최종 고객이 소멸해 버린다면 결국 본사에도 영향을 끼치는 것은 불가피하다.

다만 공급망(Supply-Chain)에 있어서 여러분의 회사가 어디에 위치하고 있느냐에 따라 고객 소멸 영향의 크기와 타이밍이 달라진다.

만약 독자 여러분이 하고 있는 비즈니스가 비행기 국제선에 음식을 공급하는 기내식 제조업이라면 고객 소멸의 영향은 직접적이었을 것이다.

한편, 자동차에 사용하는 엔진의 부품을 제조하고 있는 회사에 있어서는, 고객 소멸로 인한 영향은 크게 나타나지 않았을 것이다.

하지만 그 부품의 납품처 끝에는 자동차를 사주는 고객이 있다.

그 사람들이 자동차 판매점에 발길을 옮기지 않게 되어 버리면, 그 피해는 수 개월, 수 년 늦게 반드시 오게 된다.

관광객이 없어졌을 때 장수 기업이 실행한 대책은?

그렇다면 B2B 비즈니스에서 '유동형(Flow)에서 비축형(Stock)으로'란 무엇일까?

가장 알기 쉬운 예는 '기업에 의한 직판'일 것이다. 기업이 중간 유통상을 거치지 않고 본사가 직접적으로 최종 고객에게 판매를 실시하는 것을 의미한다.

코로나 위기 속에서 '최종 고객 직판'을 통해 비즈니스의 활로를 찾은 곳을 소개하고자 한다.

바로 일본 교토(京都)의 쌀과자 제조업체인 교토 소우젠(KYOTO SOUZEN)이다. 야마모토 소우젠 대표이사는 일본 유일의 쌀과자 장인이기도 하다. 그는 수많은 상품을 개발해 역이나 공항에 있는 선물 코너 등으로 판매망을 넓혔고 고급호텔에도 납품하여 매출 경로를 늘려 왔다.

그러던 와중에 코로나 위기가 닥쳐왔다. 교토와 오사카에서는 관광객이 사라져버렸고 남은 것은 산더미 같은 재고뿐이었다.

이에 교토 소우젠(KYOTO SOUZEN)은 재고 상품을 홈쇼핑을 통해서 판매하고자 했다. 또한 야마모토 대표이사는 똑같이 어려움을 겪고 있는 간사이 지역의 다른 과자 식품제조업체에도 연락하여 여러 회사의 제품을 같이 담은 패키지 상품을 판매했다. 참으로 대단한 시도이다.

상품명은 '〈재고 정리〉 간사이 지방 쌀과자 업체 살리기 협동 프로젝트'라는 부제를 단 「과자 복주머니 세트」였다.

이 프로젝트는 교토 소우젠(KYOTO SOUZEN)이 물류 공급망을 갖추고 있었기 때문에 가능했다.

그는 대대로 내려오는 노포(老舖)들의 과자 브랜드를 편의점이나 대기업 유통 회사로부터 지키기 위해서는 물류가 중요하다고 생각해 수년 전에 물류 회사를 설립하였다.

그렇다고는 해도 누구에게 어떻게 팔 것인가?

교토 소우젠(KYOTO SOUZEN) 온라인 쇼핑몰에 등록된 고객 리스트는 총 1300명밖에 없었다. 재고를 다 팔기에는 부족한 상황이었다.

더구나 이번에는 다른 회사의 재고까지 전부 교토 소우젠 (KYOTO SOUZEN)이 사들였으니 전부 판매되지 않는다면 그 리스크는 모두 교토 소우젠(KYOTO SOUZEN)이 부담할 수밖에 없다.

이 프로젝트는 "노포(老舖)가 망하지 않았으면 좋겠다."라는 일념으로 시작했다. 또한 고객들은 다양한 종류의 과자가 들어가 있는 걸 좋아할 것이라고 생각했다.

이렇게 기획해서 발매된 상품은 코로나 지원 시민단체 등의 지원을 받아 간신히 완판되었다. 또한 이 프로젝트가 지역 방송을 통해 다뤄지게 되어서 3번째 판매 캠페인도 시작했다. 이 3번째 캠페인은 시작한 지 7분만에 완판되었다. 그 이후에도 꾸준히 완판이 이어지는 등 사람들로부터 폭발적인 지지를 받았다.

그렇다고는 해도 실질적으로 교토 소우젠(KYOTO SOUZEN)은 이 매출로 인한 이익은 거의 없었고 오히려 완판이 되어도 적자인 상황이었다.

하지만 그 대신 귀중한 자산이 손에 들어왔다. 바로 고객 리스트다.

원래 교토 소우젠(KYOTO SOUZEN)은 온라인 판매로 성장한 회사이고 최근에도 광범위하게 온라인 판매 사업을 진행하고 있었다.

교토 소우젠(KYOTO SOUZEN)은 이번 프로젝트로 고객 리스트를 1만 5천 건을 확보했다. 이를 통해 다시 한 번 더 고객과 직접 연결되는 것의 중요성을 인식했다.

온라인 유통 판매에서는 CPI(Cost Per Inquiry: 리스트 등록자 한 명을 얻기 위한 비용)라는 수치를 중요하게 생각한다. 통상 한 건당 1000~2000엔의 비용이 든다고 한다.

교토 소우젠(KYOTO SOUZEN)은 간사이 지방 쌀과자 업체들을 살리기 위한 목적으로 진행했지만 결국에는 이 활동으로 1천만 엔 이상의 가치가 있는 고객 리스트를 얻게 되었다.

거래처를
'비축화(Stock)'하라

제조업체가 B2C에 진출하는 의미도 최종 사용자와 직접 연결된다는 데 있을 것이다. 최종 사용자와 직접 연결되면 비즈니스가 위기에 빠졌을 때 무슨 수라도 쓸 수 있다.

단 자사 상품을 최종 사용자에게 직접 팔 수 있다고는 장담할 수는 없다. 그래서 갑자기 B2C에 나서기 어려운 기업들에게 먼저 도전해 보길 바라는 것이 거래처 비축화(Stock) 전략이다.

이 전략을 실천하고 있는 건자재 회사인 아사히 우드 테크 (ASAHI WOODTEC)의 사례를 소개하고자 한다.

이 회사가 개발 및 제조하고 있는 것은 주로 나무의 소재를 살린 하이엔드 바닥재이다. 이 바닥재는 최종 사용자가 직접 구매할 수는 없는 제품이다.

아사히 우드 테크(ASAHI WOODTEC)의 주요 고객사는 브랜드 건설사와 공무점(시공사) 그리고 리폼 회사 등이 있다.

그 중에서 공무점(시공사)과 리폼 회사는 비교적 소규모의 사업자이다. 또한 가구점 등에서 리모델링 주문을 받는 경우도 있어서 그 수를 정확하게 파악하고 있는 사람은 아무도 없다고 할 정도로 많은 사업자가 있다. 담당하는 업체가 한정되어 있는 영업사원이 일일이 방문 영업 활동을 하는 것은 도저히 불가능한 일이다.

이 때문에 아사히 우드 테크(ASAHI WOODTEC)가 수년 전부터 행하고 있는 것이 '공무점·리폼 회사의 파트너화'이다.

비즈니스 파트너화를 통해 단순히 자사 제품을 판매하는 것이 목적은 아니었다. 어떻게 하면 공무점·리폼 회사의 실적을 올릴 수 있을까를 함께 연구하는 '스터디'도 함께 진행하고 있다.

이와 같은 비즈니스 파트너를 위한 네트워크를 실시하고 있는 회사는 아사히 우드 테크(ASAHI WOODTEC)뿐만이 아니다.

반려동물의 프리미엄 푸드를 제조 판매하는 세계적인 회사 로얄 캐닌(ROYAL CANIN)의 일본 지사의 사례를 소개하고자 한다.

반려견과 반려묘의 건강한 삶을 위한 맞춤 영양식을 제조 판매하는 로얄 캐닌의 주요 거래처인 전국의 반려동물 펫숍과 동물 병원을 비축화(Stock) 대상으로 삼았다.

이것이 B2B 비즈니스의 '거래처를 비축화(Stock)'하는 방법 중 하나이다.

공급망(Supply-Chain) 자체의 소멸을 생각한다

사실 이런 방법은, 회사 내에서 이해받기 어렵다. 도매나 대형 거래처에 어떻게 대량의 상품을 판매할지 매일매일 궁리하고 있는 영업자들 입장에서는, 매출이 적은 작은 가게를 일일이 상대하는 것은 비효율적이라고 느낀다. 게다가 '스터디'를 해도, 거기서 판매가 일어나는 것도 아니기에 대체 무엇 때문에 하는 건지에 대한 의문을 갖게 된다.

그러나 장기적으로는 제조업체의 입장에서 중요한 활동이 된다.

고객 소멸 시대의 B2B 마케팅에서는 "어떤 공급망(Supply-Chain)에 속해 있느냐"가 결정적으로 중요하다. 공급망 자체가 소멸될 수 있기 때문이다.

필자가 30대 때 어느 한 식품회사 마케팅부서에 몸을 담은 적이 있다. 이 업체는 꾸준히 매출을 올리고 있었고 겉으로 보기에는 아무런 문제가 없는 회사처럼 보였지만 실상은 위험한 상태였다.

왜냐하면 이 회사가 속한 공급망(Supply-Chain)의 끝이 일본 고베 지역에 본사를 둔 일본에서 가장 큰 슈퍼마켓 체인 다이에(Daiei, Inc.)에 연결되어 있었기 때문이다.

당시 소매업으로서 일본 최대의 매출을 자랑하고 있던 공급망(Supply-Chain)에 연결되어 있었지만 얼마 지나지 않아 공급망(Supply-Chain) 자체가 소멸해버렸다. (2015년에 다이에 그룹은 이온그룹*의 자회사가 되었다.)

이러한 '소멸'은 당시에는 매우 특이한 상황이었지만 이후에

---

* 일본의 대표적인 대기업 유통 기업 그룹. 일본 및 해외에 180여개 기업으로 구성됨

는 자주 볼 수 있게 되었다.

아무리 거대한 규모의 공급망(Supply-Chain)이더라도 공급망이 소멸될 때 거래처(최종 고객)로 선정되지 않게 된다면 기존의 공급망 자체가 소멸된다.

공급망 소멸을 피하기 위해서는 (공급망(Supply-Chain)에 속하는 누구라도 먼저 대책을 마련하는 것이 좋지만) 공급망 전체를 파악하여 거래처(최종 고객)로 선정될 수 있도록 공급망을 강화시킨다는 발상이 필요할 것이다.

이러한 단순한 상품의 매매뿐 아니라 공급망(Supply-Chain)을 담당하는 회사끼리의 유대 강화를 목적으로 연결되는 네트워크를 필자는 '가치창조형 공급망(Supply-Chain)'이라고 부르고 싶다.

당신의 진짜 고객은 누구입니까?

물론 거래처의 비축화(Stock)는 중요하지만 가능하다면 그 어떤 기업이라도 최종 고객과 직접 연결되는 활동을 해야 할 것이다.

어떠한 비즈니스를 하고 있는지에 따라서 최종 고객의 비축화

(Stock)는 쉬울 수도 어려울 수도 있다. 하지만 분명한 사실은 어떠한 비즈니스를 하더라도 결국 매출을 가져다 주는 것은 최종 고객이다.

최종 고객과 연결고리를 찾지 않고 유지하지 않으려고 하는 것은 곧 "본사의 고객을 보려고 하지 않는다."는 것과 같은 의미이다.

그러나 이러한 당연한 사실을 알고 있어도 실행하지 않고, 원래부터 생각도 하지 않는 기업이 많다는 게 현실이다.

이것은 결국 나의 진짜 고객은 누구인가를 인식하지 못하기 때문에 벌어지는 일이 아닐까?

기업에 있어 도소매점은 중요한 거래처이다. 이들이 상품을 취급하는 이유는 먼저 사주는 최종 고객이 있기 때문이다. 공급망(Supply-Chain) 전체를 보지 않으면 이 사실을 알지 못한다.

필자의 경우에도 이 사실을 깨닫기 전에는 몰랐다. 필자의 책 출판을 예로 소개해보려고 한다. 예를 들어 원래부터 친분이 있었던 출판사를 통해 발간된 서적이 도매에 의해 전국 각지의 서점에 납품되었다.

그리고 중요한 것은 '독자'라고 하는 고객이 있다는 사실이지만 종래의 출판사 영업은 도매상과 서점으로 한정되고 있어 최종 고객과 연결될 기회가 없었다.

기껏해야 독자 엽서나 메일로 소감을 보내거나 출판사의 독자를 이벤트에 참가해 준 사람 정도일 것이다. 그 때문에 10만부혹은 20만부의 베스트셀러조차 '고객'의 개인 정보는 거의 얻을수 없다.

이를 우려하여 일부 출판사는 직접 고객과 연결하려는 활동을하고 있다. 대단한 변화이자 좋은 일이고 앞으로는 점점 더 필수적인 활동이 될 것이다.

또한 대기업 자동차 제조사나 식품 제조업의 경우에도 온라인상에 팬 커뮤니티를 만들어 고객과 연결하려는 활동을 하고 있는데 이것도 올바른 변화라고 말할 수 있다.

이것으로부터 얻을 수 있는 매출 자체는 그만큼 큰 것이 될 수없을지도 모른다. 그래도 필요한 활동이다.

이들이 인플루언서로서 마케팅에 기여해 준다는 효과도 물론기대할 수 있다. 하지만 그 이상으로 중요한 것은 '고객을 안다.'는 것이다.

고객을 모르고 상품개발이나 판촉을 한다는 것은 너무 위험한도박이다. 그러나 이러한 도박을 많은 기업이 행하고 있는 것이현실이다.

05

매스마케팅의 한계

'마스크'와 애니메이션 「귀멸의 칼날」에서 알 수 있는 2가지 사례

'광고 대박'을 통한 매출 급증 사례가
더 이상 나오지 않는 이유

2020년 한 해를 상징하는 대박 상품으로 두 개를 꼽고 싶다. 하나는 '마스크'로 대표되는 코로나 예방 상품과 일본 영화계 흥행 기록을 갈아 치운 「귀멸의 칼날」이라는 애니메이션 영화이다.

이 두 가지 사례를 통해 우리는 '유동형(Flow)만을 목표로 하는 비즈니스의 어려움'을 알 수 있다.

이른바 '마케팅'이라는 단어의 사전적 정의는 곧 매스마케팅과 같은 뜻이었다. 즉, 많은 광고비를 투입해 잠재고객들에게 비즈니스 노출을 늘리고 널리 알림으로써 히트작을 만들어 매출을 창출한다는 의미이다.

대략적으로 고객 타겟군만 구분하고 어찌되었던 잠재고객에게 노출을 늘려 '유동형(Flow) 고객'을 확대하는 것을 목표로 하는 것이다.

이것은 곧 '잠재고객 및 시장의 요구'에 맞춰서 자사의 상품을 어떻게 판매할지만을 생각하는 마케팅 전략이 되어버린다.

이 고전적인 마케팅 전략이 가장 효과를 발휘했던 시기는 시장에 압도적으로 물건이 부족했던 전후 경제 부흥기와 고도 성장기이다. 당시에는 사람들이 새로운 것을 지속적으로 구매하는 것이 풍요로운 삶을 나타내는 지표였다.

예를 들어 자동차를 갖는 것은 사회적 지위를 나타낼 수 있는 대단한 상징이었고 이웃집에서 무엇인가를 샀다면 "우리도 사야 한다."라고 누구나 의식적으로 생각했던 시기이다. 필자도 어렸을 적에 처음 부모님이 자동차를 샀을 때의 자랑스러운 기분을 아직도 기억하고 있다.

따라서 회사들은 광고를 통해 잠재고객들에게 자동차 상품에 대한 노출을 늘릴수록 잠재고객들에게 갖고 싶다는 욕구를 환기시킬 수 있었다

일본 인스턴트 라면의 원조인 '닛신 치킨라면' 등 1960~80년 대에 히트했던 제품들의 마케팅 역사를 다룬 책을 살펴보면 'TV CF 마케팅이 전환점이 되어 이루어진 성공'이라는 내용이 자주 나오는 이유가 바로 그 때문이다.

그러나 현재 일본에서 대중들이 모두 다 필요로 하는 물건은 거의 다 사라졌다. 잠재고객을 위한 매스마케팅 광고 성공 사례 도 거의 찾아볼 수 없다.

그래도 어느 정도 연령대 이상의 분들에게는 아직 물건에 대한 집착이 있을지 모르지만 젊은 사람들일수록 물건에 대한 집착은 없다.

젊은 사람들은 필요한 물건을 가지고 있지 않으면 '렌트'하면 된다고 생각한다. 그런 의미에서 세상은 '미니멀리즘'으로 방향 성을 추구하고 있다고 볼 수 있다.

마케팅 이론 'F1, F2'는 이제 필요없다

한편 세상이 다양성을 추구하게 되면서 대중들이 원하는 것 또한 다양해지고 있다.

지금도 마케팅 책을 읽으면 고객을 분류하는 방법으로 F1(20~34세 여성) F2(35~49세 여성) 등의 용어를 찾아볼 수 있지만 이제 이런 식의 그룹 타겟 마케팅으로는 대중들의 진짜 니즈를 파악할 수 없는 시대가 되었다. 또한 "밀레니얼 세대는 전체적으로 이러한 경향을 가지고 있다."라는 등의 세대별 행동 양식과 사고의 특성은 있을 수 있지만 결국 무엇을 살지에 대한 니즈는 사람 개개인별로 다르다.

"어떤 브랜드의 옷을 보고 꼭 사고 싶다."라고 생각을 갖는 35세의 직장인도 있을 수 있고 전혀 관심이 없는 35세의 직장인도 있다.

사람들의 니즈가 다양해진다는 것은 상품 수가 늘어난다는 것을 의미하므로 개별의 상품 매출은 떨어질 수밖에 없다. 오히려 요즘 대중들은 "옆 사람이 가진 것은 갖고 싶지 않다."라는 생각도 갖고 있다.

즉, 다수의 소비자가 열광하고 구매하는 상품이 필연적으로 없어질 수 밖에 없는 시대가 되어 있는 것이다.

'역시 대중 마케팅' 이라는 인식만큼 위험한 것은 없다

그런데 최근에 오랜만에 폭발적인 유동형(Flow) 니즈를 지닌 상품이 인기를 끌었다. 바로 마스크와 손소독제 등 코로나 예방 상품이다. 정말 시장에 오랜만에 남녀노소를 불문하고 누구나 필요로 하는 상품이 나왔다.

하지만 반대로 생각하면 코로나 예방 상품은 코로나와 같은 세계적 규모의 대유행 팬데믹이 일어나지 않는 한 시장에 나오지 않는 상품이라는 뜻이 된다. 예전 오일쇼크 직후에 화장지가 다 팔린 일과 같다.*

---

* 일본 휴지 사재기 소동. 1973년 제1차 오일쇼크 때도 대단했다. 중동 이슬람 산유국의 석유 금수 조치로 기름값이 하루아침에 배럴당 2달러에서 10달러로 뛰었다. 우리나라로 치면 L당 2000원 하는 휘발유값이 1만원으로 뛴 셈이다. 당시 석유 의존도가 80%에 육박하던 일본은 패닉에 빠졌다. 당시 보도를 살펴보면 석유를 원재료로 하는 화장지와 세제 등 생필품 사재기가 일어났고 '광란 물가'라는 신조어가 유행했다. 고도성장 중이던 일본은 이듬해인 1974년 제2차 세계대전 후 처음으로 마이너스 성장을 기록했다.

즉, 이러한 소비자들의 수요는 기업이 시장 소비자들의 수요를 자발적으로 이끌어 내어 만든 히트상품이 아니다.

코로나로 인한 마스크 특수에 열광한 기업은 어디까지나 시대의 흐름을 따른 것이다.

필자가 이 부분에서 우려하는 것은 마스크가 불티나게 팔리는 상황을 보면서 "역시 대중을 위한 초대박 히트 상품을 만드는 것이 중요하다."라는 환상이 다시 생겨났다는 것이다.

대중을 위한 마케팅 시대는 분명 끝나가고 있는데 거기에만 매달리다가는 점점 더 치열한 시장에서 살아남을 수 없게 된다.

특히 버블경제를 경험한 세대 중에서는 '초히트 대중 상품 성공 시절'을 잊지 못하는 사람들이 있다. 이번 코로나로 인한 특수 현상을 보고 또 다시 대중 상품 대박 시절을 생각하는 그 세대의 분들이 있다면 주의해야 한다.

전사적으로
'리셀러'가 되겠다는 어리석음

물론 현재 트렌드를 정확하게 파악하고 유동형(Flow)에 맞춘 비즈니스 활동을 부정하는 것은 아니다. 하지만 그것은 결국 이른바 '리셀러'와 같은 맥락이 아닐까 싶다.

리셀러는 어떤 장르든 팔릴 만한 물건을 가장 먼저 구입해 야후나 옥션 같은 온라인 사이트나 플랫폼에서 되파는 사람들을 말한다.

마스크 품귀 현상이 벌어졌을 때 마스크를 최고액에 팔거나 증정용 또는 비매품 상품을 바로 되팔아버려서 사회적으로 물의를 빚는 일도 있었다.

하지만 이러한 도의적 문제의 시시비비를 가리기에 앞서서 "싸게 사서 비싸게 판다."는 것은 비즈니스의 기본이라고도 말할 수 있다.

따라서 항상 최신 정보를 쫓으면서 확인해야 하고 아침 일찍부터 줄을 서서 물건을 구매해야 한다. 이런 종류의 비즈니스는 수요에 대한 공급이 부족할 때만 잘 되기 때문에 자칫 잘못하면 금세 열기가 식어버린다.

코로나 위기로 인한 마스크 비즈니스는 바로 이러한 예이다. 코로나 초창기 때에는 한 상자에 3천엔씩 팔리던 마스크가 지금은 몇 백엔에 거리 곳곳에서 팔리고 있다.

또한 옛날의 아메요코(アメ横. 2차대전 직후 극도의 식료품 부족으로

인해 도쿄 우에노에 생긴 암시장. 초기에는 암시장이었지만 발전하여 일본에서 가장 큰 재래시장이 되었다. 한국의 남대문 시장과 비슷하다.)는 바로 그러한 장소였다고 한다.

그 당시 아메요코에서는 팔릴 만한 상품은 무엇이든지 구입해서 팔았다. 예전의 야메요코 사진을 보면 식료품 가게에서 장화를 진열하여 팔고 있는 모습을 볼 수 있다. 하지만 그런 야메요코조차 지금은 대부분의 가게가 전문점으로 변신하였다.

회사든 가게든 "유동형(Flow)을 타겟으로 하겠다."라고 하는 것은 나쁘게 말하자면 "전사적으로 리셀러가 된다."와 같은 의미이다.

과연 그것은 지속 가능한 것일까? 고객 소멸 시대에 과연 해야 할 일인가?

아마존을 이길 방법은 있다. 하지만……

하지만 풍부한 자금과 잘 갖춰진 IT 인프라 시스템, 뛰어난 인재를 보유하고 있는 회사라면 유동형(Flow) 고객을 목표로 해도 좋을 것이다. 이러한 회사의 대표적인 예가 바로 아마존이다.

아마존은 첨단 IT 기술을 활용한 마케팅 전략을 구사하고 있다.

일단 날마다 아마존에서 쇼핑을 하고 있는 사람의 수는 굉장히 많다. 그런 매일 대량으로 축적되는 대량의 고객 구매 이력으로부터 어떤 상품에 수요가 있을지 예측하여 제공하고 가설과 검증의 사이클을 매번 반복한다. 그 샘플 수는 억 단위이다.

수백 명의 샘플링으로 상품개발과 판매를 촉진하는 기업과는 말 그대로 자릿수가 다르다.

또한 그 데이터는 개개인의 이용자에게 피드백이 되어 개선된 맞춤형 서비스로 제공되고 있다. 자신의 구입 이력이나 체크한 상품을 근거로 "자기에게 맞춤인 상품을 추천해 주는 행위(추천해 주는 것은 AI지만)"에 익숙해져서 오히려 편리하게 생각하는 이용자들은 적지 않을 것이다.

이러한 아마존을 당신의 회사가 경쟁에서 이길 수 있을까?

아마존에 대항하기 위해서는 적어도 아마존 수준의 IT 투자가 필요하다. IT 투자에 대한 각오와 자본금이 있다면 아마존과 정면 승부를 하면 된다. 하지만 이런 기업은 전 기업의 0.1%에도 못 미칠 것이다.

과거에는 "아마존에 어떻게 대항할 것인가?"라는 주제가 가장 뜨거운 감자였지만 이제는 이 질문 자체가 넌센스이다.

아마존은 이미 하나의 생활 인프라(라이프 플랫폼)로 자리 잡았다. 아마존과 직접적으로 경쟁하는 것은 다른 IT 플랫폼 대기업이나 알리바바 등에 맡겨 두면 된다.

오히려 우리가 생각해야 할 것은 아마존을 이용하거나 아마존과는 완전히 다른 영역. 즉 비축형(Stock) 비즈니스에서 어떻게 살아남을 것인가이다.

『귀멸의 칼날』 불가사의 - 왜 그토록 '마니아적 성격이 강한' 작품이 히트한 것인가?

2020년 뜨거운 트렌드였던 애니메이션 「귀멸의 칼날」을 통해 또다른 예시를 소개하고자한다.

「귀멸의 칼날」에 대해서 이미 잘 알고 있으신 분도 있겠지만 어떤 작품이고 왜 인기였는지 잠시 설명하고자 한다. 저자 고토우게 고요하루의 「귀멸의 칼날」은 일본 다이쇼 시대를 배경으로 한 만화로 2016년부터 『주간 소년 점프』에서 연재를 개시하였다.

2019년 애니메이션으로 만들면서 엄청난 인기를 끌었고 2020년 10월에 개봉한 극장판은 흥행 수입 300억 엔을 돌파해 기존 일본 영화 흥행 기록을 갈아 치울 정도로 대박을 터뜨렸다.

「귀멸의 칼날」 테마 주제곡도 히트가 되면서 아마존 프라임에서 무료로 들을 수 있게 하고 각종 상품과의 콜라보레이션 등 다양한 마케팅 전략을 실시하였다. 「귀멸의 칼날」이 매스 마케팅의 성공 사례라고 생각할지 모르지만 필자는 그렇게 생각하지 않는다.

흔히 사람들은 자동차를 매스 상품(대중 상품)이라고 생각한다. 더 예전 시대로 간다면 '닷코짱*'과 '홀라후프'처럼 대중들의 인기를 얻은 상품도 매스상품(대중 상품)일 것이다.

사람들이 매스 상품을 찾는 이유는 주변 사람들이 갖고 있고 없으면 불편해서였다. 누구에게나 사랑받는 상품, 누구라도 사용하기 쉬운 상품이야말로 성공 조건이었다.

반면 「귀멸의 칼날」은 상당히 독특한 작품이다. 읽어보면 알

---

* 닷코짱은 1960년대 일본에서 인기를 얻은 공기를 넣어 부풀리는 비닐 형태의 인형.

겠지만 폭력적인 장면이나 그로테스크한 묘사도 많아 호불호가 있을 수 있는 작품이다. 하지만 그 개성이 일부 열광적인 팬을 낳았다.

열광적인 팬들과 그 사람들이 만들어 내는 세계를 '팬덤'이라고 부르는데 「귀멸의 칼날」이 히트하게 된 핵심에는 이 팬덤이 있었다.

그리고 이러한 팬덤의 세계관을 지키면서 대중들에게 확장해 나아가는 마케팅을 실시했기 때문에 그만큼의 성공을 거뒀다는 것이 필자의 분석이다. (다음 장에서는 귀멸의 칼날의 여러 가지 대중 인기 요인에 대해서 말하고자 한다)

「귀멸의 칼날」이 일본의 영화 흥행 수입 기록을 갱신하기 전에는 미야자키 하야오 감독의 「센과 치히로의 행방불명」이라는 작품이 있었다. 이 작품도 지금 생각해보면 꽤나 독특한 작품이었다. 결국 이 작품도 팬덤을 핵심으로 한 성공의 선구 주자였을지도 모른다.

인구 8만명 소도시에서
1만명 팬을 보유한 햄버거 가게

앞장에서 '마스크'와 「귀멸의 칼날」이라는 두 개의 예시를 말하게 된 데는 얼굴을 알 수 없는 '대중'을 노리지 말고 '팬덤'을 만들고 육성하라는데 그 이유가 있다.

팬덤이 곧 고객 소멸 시대 마케팅의 핵심이라고 생각한다.

앞서 사례로 소개한 신오사카(新大阪)에 위치한 바 키스(Bar Keith)와 니가타현(新潟県)의 S마트도 팬덤이 뒷받침하고 있었기 때문에 코로나 위기를 극복할 수 있었다.

'고객 팬덤 조성'에 있어서 압도적인 성과를 내고 있는 또 다른 사례를 소개하고자 한다. 일본 아이치현(愛知県) 가마고리시(蒲郡市)시에 있는 햄버그 스테이크 레스토랑 '스미토료(炭棟梁)'이다.

이 가게에는 다른 가게에는 없는 신기한 것이 있다. 바로 '스미토료 홍보 대사'라고 하는 '고객 팬 클럽'과 같은 제도가 있는데 2020년에는 회원이 1만 명을 돌파했다고 한다.

인구 약 8만 명인 소도시에 하나밖에 없는 유일한 햄버그 스테이크 레스토랑이 1만 명에 달하는 '팬덤'을 소유하고 있다고 하니 정말 대단한 일이다.

1만 명의 팬덤을 가지고 있다면 뭐든지 할 수 있다는 사실이 중요하다.

실제로 이 가게는 회원 수가 5000명을 넘었을 때부터 저녁 늦게까지 영업을 하지 않고 낮에만 영업을 하였다. 그래도 충분히 이익이 났다. 더욱 놀라운 사실은 이 가게가 팬덤 육성을 위해 팬클럽 제도를 만든 것은 불과 3년 전의 일이다. 단 3년만에 1만 명의 팬덤이 생긴 것이다.

지금 스미토료는 2000엔~3000엔 가격대의 햄버그 스테이크가 메인 메뉴인데 4년 전에는 뷔페, 피자, 드링크바까지 포함한 가격으로 980엔으로 제공하고 있었다.

하지만 손님은 더 이상 늘지 않았고 매출도 그대로였다. 그러나 팬덤을 만들기 위한 활동을 시작하면서부터 약 3년 만에 메뉴와 영업 시간을 단축함에도 불구하고 그 이상의 이익을 내게 되었다.

가게가 위치한 가마고리 시에서는 코로나 감염자가 상당히 빨리 발생했는데 당시나 지금이나 장사를 하는 데에는 전혀 영향이 없다고 한다.

스미토료의 주인은 예전에는 매일 밤늦게까지 일하다 지쳐 잠든 날이 많아 즐겁지 않았다고 회고했다. 지금은 시간적 여유도 많이 생기고 무엇보다 즐겁게 장사를 하는 모습이 인상적이다.

'1만 명의 팬덤'이라고 하면 소규모 자영업자가 운영하는 가게의 측면에서는 많은 규모의 숫자이다. 어찌되었든 단순히 '등록된 만 명의 리스트'가 아닌 '만 명의 팬'인 셈이다. 새로운 시도를 할 때마다 만 명의 팬이 항상 움직여주는 힘과 '1만 명의 팬덤'이 갖는 힘을 상상할 수 있을까?

필자가 계속 강조하지만 "중요한 것은 숫자가 아니다."라는 사실이다. 바 키스(Bar Keith)도 코로나 위기 전인 2019년부터 팬덤을 만들기 시작하였다.

비즈니스상 고객의 일부라도 팬덤화해 두면 무슨 일이 일어나도 대비책이 될 수 있다. 이번 코로나 쇼크에 버금가는 전 지구적 재앙이 일어나도 당장의 위기는 넘길 수 있다.

팬덤이야말로「고객 소멸 시대의 마케팅」의 기본이 되는 것이다.

그러면 어떻게 고객과 연결하여 팬덤을 만들어 가면 좋을까?

다음 장에서 자세히 이야기해 보자.

CHAPTER 2

'팬덤'을 어떻게 만들까

─「고객 소멸 시대의 마케팅」 실천편

모든 활동은
'고객 리스트'에서 시작한다

'손님'을
'고객'으로 만들기 위해서

고객 소멸 시대에 있어서 자신의 비즈니스를 유동형(Flow)에서 비축형(Stock)으로 변화시키려면 어떻게 하는 것이 좋을까?

그 첫걸음은 바로 손님을 고객으로 연결하는 것이다. 필자는 '손님'과 '고객'을 구별해서 사용하고 있다.

고객이란 즉 단골이자 팬이다. 어느 회사와 강한 연결성, '유대감'을 가진 사람들을 고객으로 부르고, 앞으로 고객으로 바뀔 가능성이 높은 사람들을 손님이라고 부르고자 한다.

손님을 얼마만큼 고객으로 만들 수 있을지에 대한 고민이 유동형(Flow)에서 비축형(Stock)으로 변화하는 데 열쇠가 된다.

손님을 고객으로 만들기 위한 방법으로는 설문지, 회원제 등 그 어떤 것이든지 좋다. 우선 가장 먼저 시작할 것은 '연락처'를 수집하는 것이다. 고객과의 커뮤니케이션 수단을 마련하는 것이 시작이다.

이미 고객이라고 할 만한 사람이 있다고 해도 연락처를 알아야 접근할 수 있다. 또한 모처럼 손님이 찾아와서 관계를 형성하기 시작했더라도 지속적으로 관계를 유지할 수 있는 수단이 없으면 고객으로 육성하는 것은 어렵다.

지금 당장 눈앞의 매출을 급하게 생각하느라 바빠서 이런 느긋한 말을 할 수 없다고 생각할지 모르지만 기존과 동일한 방식으로 비즈니스를 하게 된다면 언제나 유동형(Flow) 흐름에 의존할 수밖에 없고 세상의 변화에 휘둘리는 비즈니스에서 벗어날 수 없다.

당장 오늘부터라도 늦지 않았다. 우선은 시작하는 것이 중요하다.

일본 시즈오카현(静岡県)에서 녹차생산 판매 사업을 하는 '녹차의 사스키엔(お茶のさすき園)'은 코로나 위기에 대비하기 위해서는 고객 리스트가 중요하다는 사실을 깨달았다고 한다. 깨달은 직후에 고객 리스트 작성 작업을 시작했는데 4개월만에 5000건의 고객 리스트를 확보했다고 한다.

'녹차의 사스키엔'의 고객 리스트 확보는 극히 일부의 성공 사례일지도 모르지만 지금 당장 고객 리스트 파악을 시작하지 않으면 고객 리스트는 계속 '0'일 것이다.

시작이 반이지 않을까? 지금부터라도 시작해야 한다.

묘비 비석 제작 업체에 '고객 리스트'?

"우리는 고객 리스트를 파악하기 어려운 업종이다."라고 생각하는 사람도 있을 것이다. 하지만 방법이 아예 없는 것은 아니다.

고객 리스트를 얻기에 가장 어려울 것 같은 업계에서 고객 리스트를 모아 비즈니스를 비축형(Stock)으로 변화시킨 사례를 소

개하고자 한다. 일본 후쿠이현(福井県)에 있는 '다카라기 석재(宝
木石材)'라는 회사이다.

이 회사의 사업은 묘지나 납골당의 묘비나 상석 등 묘석을 만
드는 일이다. 묘석에의 니즈는 일생에 한 번 있을까 말까 한다.
이런 기업이 "고객 리스트를 모으는 것이 의미가 있을까?"라고
많은 사람들은 생각했지만 다카라기 석재의 사장인 다카라기 미
키오 씨는 착실하게 고객 리스트를 늘렸다.

여유 시간이 생기면 묘지에 가서 과거에 선대가 세운 묘를 확
인하고 그 주소와 이름을 추적하고 확인하는 것으로 차근차근
고객 리스트를 만들어 간 것이다.

처음에 그는 "고객 리스트를 만드는 것이 정말 의미가 있는 일
일까?"라며 반신반의했지만 그 노력은 서서히 결실을 맺기 시작
했다.

코로나 위기 상황에서 고객 리스트의 힘은 유감없이 발휘됐
다. 같은 업종의 다른 회사의 실적이 코로나로 인해서 타격을 받
는 가운데 그의 회사는 꾸준히 매출을 유지하고 있다.

고객들은 "코로나 때문에 사업이 힘들 테니 묘비를 만들고 싶
다는 손님을 소개해줄게요." 혹은 "묘비를 수리하고 싶다는 지인
을 소개해줄게요."라며 차례로 자신들의 지인들을 소개해줬다고

한다. 혹은 "내년이나 내후년 정도에 수리할 예정이었는데 올해 그냥 할게요."라며 계약을 하는 고객들도 있었다고 한다.

그는 오히려 "바빠서 쉴 수도 없을 정도"라고 한다. 확실히 지금까지 착실하게 모아 온 '비축형(Stock)으로서의 고객'이 코로나 시대 속에서 그의 비즈니스를 구해주고 있는 것이다.

고객리스트 존재 유무가 중요한 것이 아니다
- 많은 기업이 빠지는 함정

단순히 고객 리스트를 정리하고 영업을 한다고 해서 매출이 오른다고 단순하게 생각해서는 안 된다. 고객 리스트를 모으는 것은 생각보다 쉬운 게 아니고 모았어도 리스트만으로는 의미가 없다.

고객 리스트의 고객에 대해서 항상 다양한 방법으로 관계를 유지하면서 리스트를 활성화시켜 '활성화된 고객 리스트'로 할 필요가 있다. 이것을 필자는 **"리스트를 따뜻하게 한다."**라고 부르고 있다.

예를 들면 '다카라기 석재(宝木石材)'에서는 정기적으로 뉴스레터를 발행해 고객과의 커뮤니케이션을 유지하였다. 석재를 활용한 맷돌커피나 맷돌오븐으로 만든 피자 판매 등의 이벤트를 열었다. 또한 '묘비 성묘(참배) 워크숍'을 개최하거나 수험생 전용 '합격 주사위'(숫자 5와 9만 쓰여 있는 주사위인데, 일본어로 '5나 9'의 발음이 '합격'과 같기 때문이다.)를 제작하는 등 다양한 활동으로 고객과의 유대를 맺어왔다.

고객 리스트를 만들기 위해서 예전부터 모은 고객 정보를 끄집어 오게 되는데, 사실 많은 기업이 개인 정보를 활용하려다가 실패하는 이유는 여기에 있다. 각 부문별로 따로 고객 정보를 추출하고 정리하는 것만으로도 엄청 고된 작업이다. 고된 작업이 끝나고 간신히 고객 정보를 정리하여 고객들에게 상품 안내 브로셔를 보내도 고객으로부터 전혀 반응이 없다. 그 후에 "역시나 고객 리스트는 의미가 없어."라고 생각하게 된다.

본인이 고객의 입장이라면 어떨까 생각해 보길 바란다. 몇 년 전에 한 번 물건을 샀던 회사에서 어느 날 갑자기 DM이 온다. 과연 구매하려는 욕구가 생길까?

순서가 바뀌면 안 된다. 먼저 고객 리스트를 따뜻하게 관리해야 한다. 고객 리스트를 따뜻하게 한다는 것은 다시 말하면 "고객과 친해진다."라고 할 수 있다.

예를 들어 유익한 정보를 정기적으로 제공하거나 무료 이벤트에 초대한다. 이 과정을 거친 후 고객들과 친해진다면 "사실은 이런 상품이 있어서 추천을 드리고자 합니다."라며 고객에게 추천을 한다. 그래야만 극히 일부의 사람들로부터 구매 행동이 일어난다.

필자가 주재하는 [기대감에 두근두근! 마케팅 실천모임]에서는 고객과의 커뮤니케이션을 위한 DM을 '뉴스 레터'라고 부르고 있다. '뉴스 레터'는 물건을 팔기 위한 영업용 '세일즈 레터'와는 달라야 한다.

뉴스 레터에서는 고객과의 소통을 제일 중시한다. 상품의 소개를 해도 좋지만 어디까지나 '유용한 정보'를 제공하는 정도로 하는 것이 포인트이다. 이 뉴스 레터는 고객 명단을 따뜻하게 하는 강력한 무기가 된다. 오늘날에는 많은 회원사가 SNS 수단을 병행하여 더 많은 홍보 활동을 하고 있다.

이 순서를 기억하는 것이 가장 중요
- 관계 형성 후 영업

그러나 많은 기업들은 고객 리스트를 수집하는 것에만 노력을 들이고 고객 리스트를 따뜻하게 유지하는 것에는 노력을 기울이지 않으려고 한다.

이것은 곧 아직 인간 관계가 형성되지 않은 사람에게 돈을 좀 빌려달라고 요구하는 것과 같은 느낌이다.

거듭 말하지만 순서를 틀려서는 안 된다. 영업을 하기 위해서 고객과 관계를 맺는 것이 아니다. 어디까지나 고객과 신용과 신뢰를 형성하는 것이 우선되어야 한다.

고객과 형성된 믿음을 바탕으로 고객들은 구매를 할지말지에 대한 생각을 하게 된다. 그리고 그보다 선행되어야 하는 것이 '팬덤'의 세계이다.

고객 리스트가 따뜻한 상태라면 영업을 하는 것은 그렇게 어려운 일이 아니다.

요즘 일본에서는 '온라인 커뮤니티'가 인기를 끌고 있다. 온라인 커뮤니티란 온라인상에 만들어진 한 특정 유명인의 팬 커뮤니티이다.

좋은 예로 개그맨 니시노 아키히로 씨의 '온라인 커뮤니티'가 있다. 그는 온라인 커뮤니티에서 사람들과 지속적으로 의사 소통을 하면서 고객 리스트를 따뜻하게 관리하고 있다.

이를 통해 사람들은 니시노 씨의 팬이 되고 그의 책을 구매하고 그가 출연한 영화를 관람한다. 그뿐만 아니라 그가 추천한 책들도 기꺼이 사기까지 한다.

과거의 고객 리스트가
히든카드가 될 때

앞에서 회사가 지니고 있는 과거 고객 리스트를 그냥 모으는 행위는 소용없다고 했지만 접근법에 따라 과거의 고객리스트는 여러분들의 비즈니스를 지켜줄 히든카드로 변신한다.

앞의 주택 리폼 주식회사 스위코(Suikoo)가 자사의 고객 리스트를 바탕으로 1200만 엔의 매출을 불러 일으킨 사례를 언급했지만 이러한 사례는 여러분들이 생각하는 것보다 많다.

일본 미에현(三重県)에 위치한 주택 리폼 및 리노베이션 비즈니스를 하는 주식회사 야마노 메구미샤(山のめぐみ舎)는 코로나

위기 속에서 과거부터 관리하고 있었던 고객 리스트 1600건에 대해 다양한 영업 활동을 전개하기 시작했다.

과거의 고객 리스트를 바탕으로 영업 활동을 하였지만 1600건의 고객 리스트는 '따뜻하게 관리'되고 있는 상태가 아니었다.

주식회사 야마노 메구미사(山のめぐみ舎)의 겐이치 사장에게 "1600건의 고객 리스트가 전부 활성 고객 리스트였습니까?"라고 물어보니 활성 고객은 20% 정도였다고 대답했다.

그러나 아무튼 그는 고객 리스트를 따뜻하게 만들기 위한 작업을 시작하였다. 그는 고객과 관계성을 높이기 위한 뉴스 레터를 보내고 실내 DIY클럽 등의 이벤트를 진행하였다. 또한 고객과의 거리를 좁히기 위해 대형 쓰레기 처리, 정원 손질, 방충망 교체 및 배달 등 고객 만족 서비스를 시작하고 홍보하기 시작했다.

2020년 3월부터 고객 리스트를 기반으로 한 체계적인 활동을 벌인 결과 코로나 사태임에도 불구하고 전년 대비 180%의 매출을 올릴 수 있었다.

"단 20%의 활성 고객 리스트에서 180%의 매출을 달성했다는 것은 더 많은 고객 리스트가 있었더라면 더 큰 매출로 돌아오지 않았을까요?"라고 겐이치 사장이 필자에게 질문하였다.

겐이치 사장의 질문에 대한 대답은 "맞아요. 정답이에요."이다.

다시 한 번 강조하지만 고객 리스트는 히든카드다. 활성 고객 리스트는 그 몇 배의 힘을 지닌 마법램프이다.

생사여탈권* = 고객 리스트 - 고객 리스트 데이터는 반드시 본사가 지니고 있어야 한다

고객 리스트를 따뜻하게 하기 위해서는 일단 먼저 고객과 연결이 되어야 한다. 고객과의 연결을 위한 수단으로는 뭐든지 좋다. 최근에 필자 주변에는 LINE앱의 공식 계정(카카오톡 공식 채널과 유사)을 활용하여 고객을 친구로 등록하여 마케팅 메시지를 보내는 사례가 늘고 있다.

이 사례를 듣고는 "그러면 나도 LINE으로 마케팅을 하면 되겠지."라고 단편적으로 생각하지 않길 바란다.

물론 LINE 등의 최신 IT툴을 활용하여 큰 효과를 거둔 사례도

---

* 생사여탈(生死與奪權): 사람의 목숨을 죽이고 살릴 수 있는 권리

있지만 고객의 유형에 따라 문자 메세지가 좋기도 하고 DM이 더 효과를 발휘하기도 한다. 중요한 사실은 자신이 제공하는 비즈니스 모델과의 궁합과 주된 고객의 타입을 파악한 후에 결정하면 된다.

또 다른 예를 말하자면 앞서 말한 S마트는 지역 주민과의 커뮤니케이션을 위한 전단지만을 고객들에게 나눠주고 있을 뿐 철저하게 고객 리스트를 보관하고 유지하고 있지는 않다. 그런 회사도 있을 수 있다.

하지만 S마트는 이미 강력한 팬덤이 형성되어 있고 방문 빈도가 높은 업종인 슈퍼마켓이기 때문에 고객 리스트를 보관하고 유지하지 않는 것이 현재 할 수 있는 최선의 선택이다.

이를 제외한 다른 업종의 비즈니스를 하고 있는 분들에게는 지금부터라도 자신의 비즈니스를 유지하고 확장시키기 위해서는 고객 리스트를 정비하는 것이 필수불가결한 사항이라고 말하고 싶다.

또한 한 가지 덧붙이고 싶은 중요한 사실은 고객 리스트는 본인이 직접 가지고 있어야 한다는 것이다.

유튜브와 트위터 계정의 팔로워는 본인과 연결된 고객이긴 하다. 하지만 트위터 팔로워가 100만명이 있다고 하더라도 어느 날 갑자기 트위터로부터 이용 정지 권고를 받게 되면 100만명의 팔로워에 대한 접근 방법이 사라지게 된다.

100만명과의 커뮤니케이션 채널이 한 번에 소멸되는 것이다.

"이런 일이 일어날 리가 없다."라고 생각할지도 모르지만 어느 날 갑자기 계정 이용 규칙을 변경하는 일이 없으리라고 단언할 수 없다. 또한 계정이 갑자기 지워지는 일은 없어도 플랫폼의 변경된 룰을 따르지 않으면 삭제되기도 하고 팔로워 관리비로 요금 책정을 할 수도 있는 시대가 오게 될 수도 있다.

플랫폼에 대한 의존도가 높을수록 이용하고 있는 플랫폼의 요구사항을 따르지 않을 수 없게 된다.

비용적인 측면과 개인 정보 유출 문제 등에서 상대적으로 자유로워지려고 외부 플랫폼에 고객 리스트를 맡기는 것이 안전하다고 생각하는 경향이 있는 게 사실이긴 하다. 하지만 비즈니스의 규모가 일정 수준 이상으로 성장한다면 자사에서 직접 고객 리스트를 관리하는 시스템을 갖춰야 하며 비용 측면에서의 부담은 인색하지 않는 것이 중요하다.

오미(近江) 상인*의 교훈 중에 "불이 나면 고객 대장을 갖고 도망쳐라."라는 말이 있다.

그만큼 중요한 고객 리스트는 스스로 보관하고 엄격하게 관리해야 할 소중한 자산이다.

고객 리스트가
존재하지 않는다는 공포

코로나 위기 상황과 관련하여 회원사들과 컨설팅을 하다보면 자주 듣는 말이 있다.

"고객 리스트가 아예 없다고 생각하면 정말 끔찍하네요."

회원사들은 고객 리스트 관리를 많든 적든 꾸준히 진행하고 있었기 때문에 코로나로 고객들이 사회적 거리두기를 하는 상황에서도 영업 및 마케팅 행위를 할 수 있었다.

---

* 오미(近江) 상인이라면 일본 내에서도 지독한 장사꾼, 상인(商人) 중의 상인으로 꼽힌다. 오미 상인은 약 1600년대부터 장사를 시작해서 오늘날 도요타 자동차, 일본 생명, 이토추, 마루베니, 도멘 등의 종합상사, 세이부 철도 그룹, 다카시마야 백화점, 다이마루 백화점, 동양방직, 일청방직, 가네보 방직, 닛쇼이와이 그룹, 여성 내의로 유명한 와코루 외에 일본 유명 제약회사 등 일본을 대표하는 굴지의 대기업을 수도 없이 일으켰다. 이들은 1900년대 초 다 망해가던 스미토모(住友) 그룹을 일으켜 세웠다.

만약에 회원사들이 고객 리스트를 갖고 있지 않았더라면 언제 풀릴지 모르는 사회적 거리두기를 가만히 기다릴 수밖에 없었다. 혹은 사회적 거리두기가 해제되더라도 고객들이 돌아오지 않는다면 속수무책인 상황이다.

이보다 더 두려운 것은 없다.

코로나 백신 접종이 진행되고 있다고는 하지만 앞으로 언제 다시 이런 사태 발생하지 말리라는 법은 없다. 코로나와는 다른 전 지구적 팬데믹 재앙이 향후 다시 일어나지 않는다고 할 수는 없다.

오히려 우리가 상상도 할 수 없는 형태의 「고객 소멸」이 일어날 가능성도 있다. 그때 다시 속수무책할 수밖에 없는 공포를 느끼고 싶지 않다면 하루라도 빨리 고객 리스트 작성을 시작하기 바란다.

그리고 고객 리스트는 항상 따뜻하게 관리하여 '살아 있는 고객 리스트'로 만들기 바란다.

고객 리스트야말로 아무리 시대가 변해도 가치를 잃지 않는 자산이다. 고객 리스트는 위기의 시대에서 당신의 비즈니스를 지켜줄 수 있는 가장 강력한 무기이다.

'팬덤'은 어떻게 만들까?
고객과의 '인연'을 깊게 하는 방법

어떤 조직에 있어서도
팬 커뮤니티 육성은 급선무

우선 가장 중요한 것은 손님과 연결고리를 찾는 것이다. 그 다음에 고객 리스트를 만들어 따뜻하게 관리한다. 이 모든 것을 하기 위한 전제 조건은 바로 팬덤 형성이다.

팬덤은 팬카페 혹은 충성고객으로 바꿔 말할 수 있다. 「고객소멸」 시대에는 모든 기업과 가게가 어떻게 팬덤을 만들어 관리

112

할지에 대한 고민을 계속해야만 할 것이다.

팬덤이야말로 어느 시대라도 가치를 잃지 않는 '진짜 자산'이 되기 때문이다. 많은 전문가들이 팬덤 혹은 팬카페를 만들라고 하고 있지만 어떻게 만드는지에 대한 방법을 자세하게 알려주는 사람은 별로 없다.

필자의 [기대감에 두근두근! 마케팅 실천모임]에서 활동 중인 회원 기업은 20년에 걸쳐 팬덤 육성을 추구하고 실적을 쌓아왔기 때문에 다양한 노하우를 가지고 있고 실제 성공한 사례도 비교적 많은 편이다.

회원사들의 성공 사례를 바탕으로 한 권 분량의 책을 따로 만들 수 있을 만큼 많지만 이 책에서는 그 일부분만을 소개하고자 한다.

일단 팬덤 육성을 하기 위한 첫 번째 단계는 '구조'의 설계이다.

무작정 모든 고객에게 DM이나 메일을 보낸다면 효과는 생각보다 크지 않을 것이다.

가장 중요한 사실은 '어떠한 메시지를 고객에게 전송하면 고객이 어떻게 느끼고 어떠한 반응을 연쇄적으로 가져올까'라는 생각의 구조를 만드는 것이 중요하다.

이를 위해서는 어떤 단계가 적절한지 고객의 구매 욕구를 촉

진시키는 항목은 무엇이 있는지 고객의 마음과 행동의 변화를 불러일으키기 위한 상상력을 발휘하는 것이 중요하다.

모든 비즈니스는 사람의 마음과 행동에 따라서 결정된다. 필자는 이것을 '사람에게 집중'이라고 부른다.

처음 고객에게 접근하는 방법부터 팬이 되어 줄 때까지의 시나리오를 그려 보는 것이 중요하다.

예를 들어 "우선은 A 방법을 사용해 B의 메시지를 보낸다. 그 후에 흥미를 보이는 잠재 고객에게는 C의 이벤트를 권유한다. 반면에 이벤트에 흥미를 나타내지 않았던 사람에게는 후일 재차 다른 메시지를 보낸다."는 식으로 시나리오를 그려 볼 수 있다.

앞에서도 예로 든 햄버그 스테이크 레스토랑에는 '스미토료(炭棟梁) 홍보대사'라는 멤버십 제도가 있다. 가게에 한 번이라도 방문한 사람은 그 누구라도 당일 회원이 될 수 있고 지속적으로 방문을 할 때마다 배지를 받을 수 있다. 또한 12종류의 햄버그 스테이크를 전부 다 먹어 본 고객에게는 카드를 받을 수 있는 특전도 제공된다.

또 가게 안에는 '스미토료(炭棟梁)' 홍보 대사만이 사용할 수 있는 식기구도 비치돼 있다. 이렇게 한 번 방문한 손님이 '고객'으로 되어 가기 위한 구조가 훌륭하게 만들어져 있다.

게다가 핵심 찐팬을 위해서는 '스미토료(炭棟梁)' 검정 인증이라는 자격 인정 제도를 만들어서 합격한 고객의 이름을 가게 내에 게시하는 등의 활동도 실시하고 있다.

이 검정 시험을 통과하기 위한 최종 단계는 무려 소논문 제출이다. 많은 사람들이 "햄버그 스테이크 가게 때문에 누가 검정 시험을 받을까?"라고 생각할 것 같지만, 벌써 검정 시험을 통과하기 위해 시험을 준비하는 많은 수험생(?)이 있고 소논문 통과를 한 고객도 몇 사람 있다고 한다.

단 처음부터 위의 '스미토료(炭棟梁)' 예처럼 자세한 시나리오대로 손님을 고객으로 만들고 팬으로 육성하기 위한 계획을 세우려면 힘들고 처음부터 이렇게 꼭 할 필요도 없다. 일단 가장 중요한 사실은 무엇인가부터 해보는 게 중요하다.

일단 시작해서 진행하다 보면 해결책이 보일 수도 있고 안 되더라도 상황에 맞게 유연하게 조정하면 된다.

지금은 1만 명이 넘는 '스미토료(炭棟梁)' 홍보 대사를 보유한 이 가게도 고객 리스트를 만들기 시작한 처음에는 1종류의 배지와 회원증 등 특별하지 않은 것부터 시작하였다.

그리고 그 당시에 가게 주인인 모리시타 씨는 아직 고객 리스트 확보에 시행 착오를 겪고 있어서 지난달과 비교해서 고객 리스트의 수가 증가했는지만을 일희일비하면서 걱정하고 있었다.

어쨌든 가장 중요한 것은 시작하는 것이다.

나를 어필하자!
- 자기 PR의 힘

고객과의 유대감 만들기의 포인트 중 하나는 '내 자신에 대해 말하는' 것이다. 즉 자기 어필이다.

사람들은 심리적으로 먼저 다가와주는 사람에게 친근감을 느낀다. "최근에 이런 영화를 봤어요." "○○을 먹었더니 맛있었어요." 등 최근 자신과 관련된 일상 속의 이야기, 최근 생각한 것 등 뭐든지 좋다.

[기대감에 두근두근! 마케팅 실천모임]에서는 자기를 알리는 내용을 뉴스레터라는 형태로 고객에게 보내는 경우가 많다.

또한 자신의 비즈니스에 대해서 비전과 목표를 이야기하는 것도 좋다.

어떤 비전을 가지고 사업을 하고 있는가.

어떠한 생각으로 이 물건을 만들고 있는가.

장래의 비즈니스 목표는 무엇이다.

등이 있을 수 있다.

지금까지 비즈니스가 걸어온 길을 고객들에게 소개하는 것도 효과적이다. 지금까지 걸어온 비즈니스의 역사야말로 그 회사나 가게의 모토가 되기 때문이다.

이와는 반대로 뉴스 레터에 단순하게 비즈니스 소개와 상품 설명만 잔뜩 적어서는 절대로 안 된다. 상품이나 서비스 안내가 아예 잘못되었다는 것은 아니다. 해도 괜찮지만 고객과의 소통 도구인 뉴스 레터와는 별개로 해야 한다.

이렇게 자기 PR을 하고 고객들이 이 비즈니스의 가치관에 동참한다면 거기에서부터 고객과의 인연이 생기기 시작한다. 그리고 그중에 몇 퍼센트가 '찐팬(응원하는 사람)'이라고 부를 수 있는 존재로 성장하는 것이다.

코로나 시대에도 가고 싶은
오프라인 매장 조성은 역시나 중요

코로나에도 불구하고 아니 오히려 코로나이기 때문에 고객과의 밀접한 접촉과 관계 형성이 중요하다.

물론 철저하게 감염 예방 대책을 세워야 하겠지만 그와 더불어 사람이 모이고 싶어지는, 오고 싶은 '장소'를 만드는 것이 중요하다.

그럼, '가고 싶은 장소'란, 어떠한 장소일까?

첫 번째 "그 곳에만 가면 마음이 풍요로워진다." 라고 생각할 수 있는 요소를 궁리해야 한다.

예를 들어 미국에는 거대 창고형으로 운영되고 있는 창고형 슈퍼마켓 회사가 여러 곳 있다.

일본에 진출해 있는 코스트코도 그 중에 하나이다. 철제 선반에 많은 종류의 상품이 쌓여 있는 모습을 보면 압권이지만 그곳에 가서 "마음이 풍요로워진다."는 감정은 생기지 않는다.

반면에 전체적인 인테리어뿐 아니라 소품 하나하나에도 목재를 사용하여 따뜻한 느낌을 연출하고 있는 슈퍼마켓도 있다. 그런 슈퍼에 간다는 사실만으로도 왠지 모르게 기뻐진다. 이러한 일은 조금만 신경쓰면 실현 가능한 것이다. 이것은 매우 중요한 것으로 요즘 손님들은 그것을 알아챈다.

도쿄 아키루노시(あきる野市)에 있는 세탁소 '실크(Silk)'는 바로 '가고 싶은 장소'이다. 겉으로 보기엔 세탁소 같지 않고 세련된

주택처럼 보이지만 안으로 들어가면 아늑한 마당이 있고 안락한 테이블과 의자도 놓여 있어 마치 카페나 잡화점처럼 보인다.

이 세탁소에 방문하면 인간적인 접객과 여러 요소가 얽혀 독특한 분위기를 만들고 있다.

예전에 이 가게에 어머니를 따라갔던 한 중학생이 있다. 그것을 계기로 그 아이와 친구들도 세탁소에 꾸준히 방문하게 되었다. 어느 날 가게 주인 이시이 야스토모 씨가 그 중학생에게 "왜 자주 오느냐?"고 물었더니 그 중학생이 이렇게 말했다.

"그냥 여기 분위기가 좋은 것 같아요."

고객 접대는 아주 작은 것으로도 좋다

두 번째는 고객 접대이다. 즉 방문한 고객들을 어떻게 접대할지에 대한 문제이다.

고객 접대라고 하면 흔히 고급 호텔 리츠 칼튼 호텔이나 세계적으로 유명한 리조트 디즈니랜드 등에서 하는 세련된 고객 접대 스킬을 떠올릴지도 모르지만 그렇게 대단한 것이 아니어도 좋다.

고객을 배려하는 대화와 고객을 즐겁게 하려는 세심한 노력이 고객들로부터 '기쁘다', '즐겁다'하는 감정을 불러일으키게 된다.

최근에 TV프로그램에서 본 재미있는 사례가 있어 소개하고자 한다. 일본 나고야(名古屋)의 커피 체인 '고메다'는 코로나 속에서도 좋은 실적을 유지하고 있다는 것을 소개한 TV프로그램이었다. 어느 날 본사 대표이사가 매출이 좋은 체인점을 방문하였는데 계산대에서 계산을 한 손님들에게 가게에서 일하고 있는 직원 모두가 "안녕히 가세요."라며 손을 흔들고 인사하고 있었다.

고객들은 이런 일을 경험하면 기쁜 마음이 들고 또 그 가게에 방문하고 싶어진다. 이 정도로도 충분히 효과가 있는 고객 접대가 된다.

바 키스(Bar Keith)의 재미있는 고객 접대 중 하나는 센스 있는 바텐더의 명찰이다. 바 키스(Bar Keith)의 바텐더 명찰을 보면 평범한 이름을 쓰지 않았다. 그렇다면 바텐더의 명찰에는 어떤 것이 쓰여 있을까?

예를 들면 가게 주인의 명찰에는 "학은 천 년, 거북이는 만 년, 나는 바텐더 경력 30년", "취미:극진 가라테"라고 되어 있다. 마담의 명찰에는 "예전에 아악(雅樂)을 했습니다." 등이 적혀 있다.

이런 정도라면 자기 소개하는 것이니 평범함 명찰이라고 할 수 있지만 "국산 라임은 역시 진토닉이 어울리죠?"라는 음료 메뉴 관련 명찰이라든지 "아침으로 카레는 어떠세요?"라는 음식 메뉴 관련 명찰도 있다.

게다가 "추석에도 쉬지 않고 영업합니다."라는 공지나 "지금 세탁기가 고장났습니다."라는 메뉴도 공지도 아닌 것까지 다채로운 명찰이 있다.

지금까지 가장 재미있었던 것은 "지금 세탁기가 고장났습니다."라는 명찰이었다. 이 명찰은 바 키스(Bar Keith) 마담의 것이었다. 센스 있는 마담의 명찰로 고객들의 분위기를 크게 띄우게 되었다.

이처럼 고객 접대란 거창한 것이 아니고 중요한 것은 생각과 고민이다. 또한 앞서 언급한 실크(Silk) 세탁소 사례처럼 필자의 회원사 중에는 고객 접대를 위해 공간을 활용하는 곳이 있다. 예전에는 아무것도 없었던 공간에 넉넉하게 소파와 테이블을 설치하여 고객들을 편안하게 해주는 곳도 많다.

당연한 이야기로 들릴 수도 있지만 이렇게 고객 접대를 위해 장소를 활용하게 되면 그만큼 상품 진열 공간이 줄어들게 된다. 하지만 중요한 사실은 매출이 오른다는 것이다.

필자의 [기대감에 두근두근! 마케팅 실천모임] 회원 기업들의 사례로 이미 검증이 된 사실이다.

그렇다면 왜 매장의 상품 수가 줄어드는데 매출이 증가하는 것일까?

이 질문에 대한 대답은 간단하다.

비축형(Stock) 비즈니스의 매출은 비축화(Stock) 된 고객으로부터 일어난다. 즉 비축형(Stock) 비즈니스의 매출은 팬의 수에 비례한다.

상품수를 축소하면
'가치관'이 보다 명확해진다

상품 수가 많다는 것이 곧 그 기업의 가치를 나타내지는 않는다. 예전 대량 생산, 대량 소비 시대에는 상품의 수가 많고 적음이 곧 그 기업의 가치였다.

그러나 비축형(Stock) 비즈니스 세계에서는 오히려 상품 수가 줄어들고 전문화되는 경향이 있다. 일본 규슈(九州) 오이타현(大分県)의 침구류 전문점 이토시야(ITOSHIYA)의 사례를 소개하고자 한다.

이토시야(ITOSHIYA)에서 판매하고 있는 이불 종류는 크게 성인용 3개, 유아용 1개를 합쳐 총 4가지 종류밖에 없다. 이토시야(ITOSHIYA)의 주인 오오스기 히로노부 씨에 따르면 본인이 만족해서 자신감을 갖고 고객들에게 추천할 수 있는 상품은 무엇일지 고민을 해본 결과 '4'라는 숫자가 나왔다.

그는 만약 고객이 다른 제품을 원한다면 정중하게 다른 매장을 소개한다고 한다. 이불은 모두 정찰 가격이다. 성인용 이불 3종류는 가격대별로 차이가 있는데, 이 중 최저가의 제품도 적지 않은 가격이다.

하지만 손님들은 그가 들려준 상품들의 이야기에 매료되면서 가치를 이해하고 기꺼이 사간다. '이토시야(ITOSHIYA)'는 해마다 매출이 증가하여 코로나 위기 속에서도 호조를 유지하고 있다.

오해하지 않았으면 좋겠지만, '구색을 늘리는' 것이 나쁘다는 것은 아니다. 하지만, 구색 갖추기의 풍부함만으로 승부하려고 하면, 거대 복합쇼핑몰에 아무래도 대항할 수 없다. 한층 더 말하면, 뭐든지 갖추고 있는 아마존이나 라쿠텐 등의 온라인 쇼핑몰에는 이길 수 없다.

제조업체 역시 상품 라인업을 꾸준히 늘려 봤자 관리 비용만 늘어날 뿐이고, 결국 풍부한 생산 라인을 가진 거대 제조업체에는 못 미친다.

그렇다면 "어느 포인트에서 승부를 볼 것인가?"라고 하는 이야기이다. 그리고 무엇보다도 확실한 것은 소품종으로 선별된 상품은 그 회사나 가게가 제공하고 싶은 '가치'이다. 그리고 그 상품을 구매한 사람은 그 가치에 동감한 사람이기도 하다.

즉, 이러한 포인트에서 '팬덤'은 태어나기 쉽다.

축제를
만들자

하나 더 팬덤을 만들기 위해서 효과적인 방법은 바로 축제이다.

인간은 원래 축제를 좋아하는 동물이다. 어딘가에 들떠 있는 사람들이 있으면 거기에 참가하여 함께 분위기를 즐기고 싶어진다.

애니메이션 「귀멸의 칼날」이 히트한 이유 중 하나도 코로나로 인해 밖에 나가서 축제에 참가하지 못하는 상황에서 일종의 축제에 참여하고 싶은 욕구가 있었던 것은 아닐까?

팬덤을 띄우기 위해서는 이 같은 축제를 의식적으로 만드는 것도 효과적이다.

한 가지 특이한 사례를 소개하고자 한다. 일본 가나가와현(神奈川県) 가와사키시(川崎市)의 일본식 화과자점 '신이와키 과자점(新岩城菓子舗)' 사례이다.

가게 사장님의 사모님인 도쿠우에 유미코 씨는 "코로나로 인해 사람과 사람이 좀처럼 만날 수 없는 상황에서 과자를 통해서 커뮤니케이션을 도모하면 좋겠다."고 생각했다.

이런 생각에서 시작한 것이 '도라야키* 전국 제패'라고 하는 기획이었다.

가게에서 팔고 있는 선물용 일본식 화과자 도라야키에 "이런 시기일수록 친한 사람에게 연락을 하는 것이 어떨까요?"라고 하며 "고마워.", "힘내." 등의 메세지를 넣은 선물용 세트를 준비하였다.

이러한 아이디어로 만든 선물용 세트를 전국의 지인들에게 보내도록 하는 캠페인을 실시했고, 실제 매장에는 "전국 제패를 목표로!"라는 제목하에 일본 지도를 붙이고 실제로 배송된 지역에

---

* 밀가루, 달걀, 설탕을 섞은 반죽을 둥글납작하게 구워 두 쪽을 맞붙인 사이에 팥소를 넣은 화과자

는 표시를 해 놓았다.

가게에 방문하는 사람들은 흥미를 갖게 되었고 점점 그 진행 사항에 대해서도 궁금해하기 시작했다. 좀처럼 배송이 진척되지 않은 지역이 있으면 "그러면 제가 이 지역에 지인이 있으니 보낼 게요."라고 하는 사람들이 나타났다고 한다.

이는 마치 축제에 참가하는 것과 같은 것이다. 그리하여 이 축제에 참가한 사람들은 '팬으로서의 수치'가 올라간다.

기업들의 매출 증대를 위한 캠페인은 자칫 기업 측이 일방적으로 시행하는 캠페인이 되기 십상이다. 그러나 거기에 "고객을 끌어들여, 축제를 만든다."라고 하는 관점이 더해지는 것으로, 비즈니스의 매출도 증가하고 팬들의 기분도 높아지는 좋은 방법이 된다.

팬덤의 최종의 모습은 '공동 커뮤니티'

위의 예로부터 유추할 수 있듯이, 팬덤의 궁극적인 목표이자 모습은 '파는 사람과 사는 사람'의 관계가 아니라 서로 무엇인가를 창조해 나가는 동료가 되어 가는 것이다.

1만 명이 넘는 팬덤을 보유한 '스미토료(炭棟梁)'의 상징적인 일화가 있다. '스미토료(炭棟梁)'에서는 최근 진공 포장 햄버그를 개발했다. 고객들은 집에서도 '스미토료(炭棟梁)'의 햄버그 스테이크 맛을 맛보고 싶었지만, 집에서 가볍게 조리하는 것으로는 가게에서 먹는 맛을 도저히 재현할 수가 없었다. 가게 주인도 어떻게 할지 몰라서 고민하는 상황이었다.

이 상황에서 한 명의 팬 고객이 더 좋은 요리법이 생각해 보겠다고 하였다. 이 사람은 15개의 다른 진공 포장 햄버그를 자비로 구입해 연구하였다. 그 결과 주인조차 깜짝 놀랄 만한, 집에서도 똑같은 맛을 구현할 수 있는 조리법을 생각했다고 한다.

지금은 그 조리법이 공식화되어 조리하는 법도 동영상으로 만들었다. 또한 그 손님의 어드바이스에 의해 상품 자체도 부분 개선을 하였다고 한다.

바로 이것이 팬덤이 목표로 하는 '공동 커뮤니티' 형태인 것이다. '공동창조'라는 말이 있다. 문자 그대로 함께 만들어 가는 것이다. 앞으로의 비즈니스는 가게와 손님, 기업과 고객의 관계는 '공동창조'로 나아갈 것이다.

그 '공동창조'라는 것이 어떤 것일까 하고 생각을 하였는데 이

'스미토료(炭楝梁)'의 사례를 생각하면 좋을 것이다.

또「귀멸의 칼날」같은 코믹이나 애니메이션에서 생겨난 팬덤의 공동창조에서도 공동창조라는 것의 전형적인 모습을 볼 수 있다.

인터넷상에 올라오는 일러스트나 팬들이 제작한 커버 노래와 같은 것들을 사고, 읽고, 듣고, 보는 많은 사람들이 존재한다.

그들은 오리지널 작품에 애정을 갖고 새로운 것을 만들어 내고 소비한다. 그 움직임이 오리지널 그 자체에 대한 발전도 가져올 수 있다. 공동창조에 의한 시장은 지속성이 높다고 말할 수 있다.

CHAPTER 3

B2B 비즈니스에서도 고객을 팬덤으로 만드는 것이 관건이다

거래처를 자사의 팬으로 만들어라!
B2B도 결국 '사람'으로 결정된다.

'팬덤'은
B2C 비즈니스에만 해당될까?

　필자는 '팬덤' 만들기는 어디까지나 B2C 비즈니스 세계의 이야기이며 B2B 비즈니스와는 별개라고 생각하는 사람도 많다고 생각한다. 하지만 꼭 그런 것은 아니라고 말하고 싶다.

　일본 아이치현(愛知県)에 '킹 런 도카이(KING RUN 東海)' 회사의 예를 소개하고자 한다. 이 회사는 병원 및 복지 시설 등에 커튼,

간병 전용 침대, 휠체어 등의 렌탈 및 리스 비즈니스를 하는 전형적인 B2B 비즈니스를 하는 회사이다.

'킹 런 도카이(KING RUN 東海)'는 2020년 코로나 위기의 한복판에서 많은 어려움을 겪었다. 이 회사의 주요 고객은 병원 및 복지 시설이었기에 병원 관계자 외에는 출입이 불가능한 상황에서 영업 활동을 하는 것은 불가능했다.

그럼에도 불구하고 이 회사는 10년 동안 지속적으로 관계를 유지하고 있는 고객들이 많았다. 그래서 매달 정기적으로 뉴스레터를 보내는 300곳 정도의 고객들을 만나기 시작했다.

어떻게 해서든 영업 활동을 다시 시작하자라는 의미보다는 고객들에게 무엇인가 도움을 줄 수 있는 일이 없을까라는 차원에서 고객들을 만나기 시작했다.

'킹 런 도카이(KING RUN 東海)'의 하라다 히로시 사장은 300곳의 고객들을 직접 방문하기 시작했다. 단순 방문이라고 해도 병원 관계자 외에는 출입이 금지였다. 건물 밖에서 고객과 방문자 전용 인터폰 모니터로 이야기를 나눴다. 하라다 히로시 사장이 방문자 전용 인터폰으로 인사를 하자 고객들은 "잘 오셨어요."라고 환대를 하면서 건물 밖에 나와 그를 반겨주었다.

그를 만나자 마자 고객들은 "하라다 사장님! 이제야 만나뵙게 되네요."라고 말했다. 평소에 사장이 모든 거래처를 방문하는 일은 없었다. 하지만 고객들은 매달 정기적으로 수신하고 있는 뉴스 레터를 통해 하라다 사장을 보고 있었다. 고객들로부터 환대를 받은 하라다 사장은 "뭔가 저희가 도와드릴 일이 없을까요?"라고 고객들에게 물어봤다.

이러한 일련의 활동으로 인해 고객들과의 관계는 한층 더 깊어지게 되었다. 한 고객으로부터는 "킹 런 도카이(KING RUN 東海)는 코로나 위기 속에서 함께 싸우는 전우입니다."라는 말을 들었다고 한다.

하라다 사장은 '팬덤'이 본인이 운영하고 있는 B2B 비즈니스에 적용되는지에 대한 의구심이 있었는데 이번 일을 통해 확신으로 바뀌었다고 한다.

더욱 더 놀라운 사실은 '킹 런 도카이(KING RUN 東海)'의 지난해 실적이다. 지난해 코로나로 인해 고객사인 병원 및 복지시설의 병실 커튼 교체 일정도 연기되었다. 이러한 상황에서 매출을 늘리는 것은 어려웠지만 매출이 5%정도 상승했다고 한다.

경쟁사와의 가격 경쟁이 치열하고 매출을 1% 올리는 것은 힘들다고 예상되었던 업계에서 매출 5% 상승은 정말 놀라운 것이다.

하라다 사장은 이제 말버릇처럼 "B2B 비즈니스도 곧 사람이 우선되는 경영이라는 사실에는 변함이 없다."라고 말한다.

자기 PR로
영업대표를 아이돌 스타로

B2C 비즈니스 사례를 응용하여 B2B 비즈니스의 '고객 커뮤니티 만들기' 노하우를 알아낼 수 있다. 회사 간의 영업 관계 형성도 결국은 사람과 사람의 연결고리이기 때문이다.

B2C 비즈니스의 자기 PR 방식은 B2B 비즈니스 세계에서도 유효하다. 본사 상품 안내 브로셔에 영업대표의 자기 소개 내용을 넣거나 영업대표의 얼굴 사진을 전단지에 붙이는 등 방식은 다양하다.

이러한 행동이 '고객들로부터 반감을 불러일으키지 않을까' 하고 생각하겠지만 자기 PR 활동을 하다보면 고객들은 의외로 자기 PR을 신선하게 받아들인다. 이것을 계기로 영업 활동이 한층 더 부드럽게 진행될 수 있다.

어느 한 대기업 종합상사에서 법인 영업을 담당하고 있는 이

와마 마사시 씨의 예를 소개하고자 한다. 그는 항상 영업을 위한 신규 고객사 방문시에 '자기 소개 파일'을 들고 방문한다고 한다. 그 A4 파일에는 취미 등에 대한 자기 소개 정보가 기록되어 있다.

그는 '자기 소개 파일'로 새로운 고객과의 관계를 빨리 쌓는다고 말한다. 또한 자기 소개 내용 중에 고객과의 공통된 관심사나 화제가 있으면 단번에 고객과의 관계를 형성하는 데 도움이 된다고 한다. 이를 계기로 큰 규모의 영업 수주로 이루어지는 일도 드물지 않다고 말한다.

말린 과일 등의 식품 B2B 도매업 비즈니스를 하는 일본 나가노현(長野県)의 마루신 푸드(MARUshin foods Co.LTD)의 영업대표 이누마 겐이치 씨의 이야기도 소개하고 싶다. 이 회사는 3년에 걸쳐 꾸준히 영업대표와 마루신 푸드의 소식을 전하는 일러스트 소식지 '마루신 통신' 뉴스 레터를 거래처에 보내고 있다.

이누마 겐이치 씨는 2년 정도 영업이 아닌 다른 직무에서 업무를 하였고 최근에 다시 영업대표로 복귀한 상황이었다.

2년간 영업 현장을 떠나 있는 사이에 고객사의 담당자도 많이 바뀌어서 고객사에서 방문하여 "처음 뵙겠습니다."라며 명함을 내미는 상황이 많았지만 이 상황에서 '마루신 통신'이 큰 힘이 되었다고 한다.

고객사 담당자들의 대부분이 '마루신 통신'을 구독하고 읽었기 때문이다. 이렇게 되면 고객과의 관계 형성도 원활히 진행될 수 있다.

어느 대기업 고객사 담당자와 만났을 때에 "정말 실제로 만나뵙게 되네요."라는 말을 들었다고 한다. 앞서 예로 들었던 '킹 런 도카이(KING RUN 東海)'와 같은 팬덤 형성이 가능하다는 것이다. 이누마 겐이치 씨는 대기업 고객사와 빠른 시일 내에 유의미한 영업 수주를 달성했다고 한다.

확실히 "B2B 비즈니스도 사람에 의해서 결정된다."라는 사실을 알 수 있다.

'함께 배워가기'가 곧 팬덤을 만든다

CHAPTER1의 〈거래처를 비축화(Stock)하라〉에서 소개한 아사히 우드 테크(ASAHI WOODTEC)와 로얄 캐닌 재팬(ROYAL CANIN Japan) 사례에서 알 수 있듯이 그들은 최종 고객이 아니지만 거래처를 사람과 사람으로 연결하여 팬덤을 만들었다.

거래처 팬덤 만들기 포인트 중 하나는 "함께 배워가는 것이다." 일방적으로 설명만 하는 상품 설명회가 아니라 어떻게 상품을 팔면 고객이 좋아할 것인지 나아가 영업실적을 올릴 수 있는지를 함께 생각하고 실천해 나가는 장을 만드는 것이다.

보통 상품의 가치는 유통 단계가 복잡하고 많아질수록 전달하는 것이 어렵다. 최종고객에게 그 가치를 전할 수 있다면 무의미한 염가판매 등도 없어지고 공급망(Supply-Chain)에 속하는 이해관계자 모두 다 윈윈 관계가 될 수 있다. 공급망(Supply-Chain) 전체를 포함한 스터디 그룹을 만들어 활동하는 것은 윈윈 관계를 위한 좋은 방법이다.

오늘날 급격하게 변하는 비즈니스의 변화를 느끼는 대리점일수록 이러한 상황을 이해하여 본사의 제안에도 적극적으로 참가할 것이다.

로얄 캐닌 재팬(ROYAL CANIN Japan)의 야마모토 토시유키 사장에 의하면 함께 스터디 그룹을 한 펫숍일수록 그 가게의 전체 매출도 오르고 로얄 캐닌 재팬의 상품 매출도 같이 오르는 경향이 있다고 한다. 이렇게 윈윈 관계가 형성되는 것이다.

이것이 바로 일종의 배움과 실천의 B2B 커뮤니티이다. B2B

커뮤니티 육성이 잘 되면 영업효율이 높아진다는 장점도 있다. 영업 담당자가 거래처를 모두 다 돌아다니지 않고도 거래처가 자연스럽게 본사와 함께 하는 배움의 장소로 모여들게 된다. 어떻게 보면 '주도적으로' 영업을 할 수 있는 것이다.

아사히 우드 테크(ASAHI WOODTEC)의 카이호리 테츠야 사장의 말에 따르면 스터디 모임에 참가하고 있는 공무점 및 리폼점들이 본사의 바닥재 제품 영업 활동에 대해 "어떻게 영업을 하면 잘 팔릴까?"라고 논의를 하여 전략까지 같이 머리를 맞대고 고민하는 움직임도 있다고 한다.

거래처들이 시행 착오를 거쳐 성과가 나온 것이 있다면 전 거래처로 넓혀가는 것도 효과적이다.

이것이 바로 B2B 비즈니스 팬덤의 이상적인 모습 중 하나이다.

협력사도
팬으로 만드는 것이 중요하다

또 하나 잊어버리기 쉬운 사실 하나를 말하고자 한다. 필자가 언급한 '팬'이란 절대 본사의 상품을 구매하는 고객만을 가리키

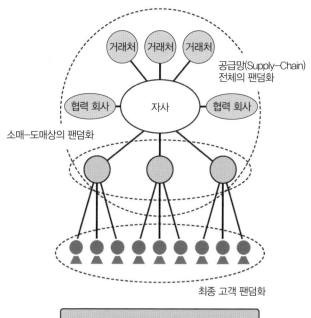

B2B에서 팬덤을 만드는 방법

공급망(Supply-Chain)
전체의 팬덤화

소매-도매상의 팬덤화

최종 고객 팬덤화

전체가 '마음의 풍요로움'을 지속적으로
창출하는 에코 시스템이 된다.

는 것이 아니다.

본사의 제품을 제조하는 회사나 상품의 배송을 담당하고 있는
근로자 등 이른바 '협력사' 또한 중요한 팬이 된다는 사실이다.

일본 나고야(名古屋)에 본사가 있는 주식회사 파인에이드라는
회사의 사례를 소개하고자 한다. 주식회사 파인에이드는 이커머

스 비즈니스를 하는 전자상거래 업종 회사이다. 주식회사 파인에이드는 중소기업이다. 중소기업으로서는 보기 드문 RPA(로봇 프로세스 자동화)를 도입하는 등 디지털 프랜스포메이션을 실천하고 있는 기업이다. 이커머스 비즈니스를 하고 있는 주식회사 파인에이드에게 코로나 사태는 커다란 성장의 기회라고 여길 수도 있는 상황이었다. 이런 와중에 주식회사 파인에이드 모리 타카유키 사장은 눈앞의 이익에만 사로잡히지 않고 "지금은 매출 성장을 추구하는 것보다 고객과의 연결을 강화하는 시기"라고 판단하였다.

이커머스 비즈니스를 하는 회사임에도 불구하고 고객들에게 사장이 좋아하는 도자기의 이미지를 첨부한 메시지 엽서를 보내는 등 고객과의 긴밀한 유대 강화 활동을 실시하여 고객들로부터 좋은 반응을 받았다.

또한 협력 회사 관계자들과 유대 관계 형성에도 정성을 쏟았다. 배송 상품 포장을 도와주고 있는 협력 회사의 임직원들도 본사의 비즈니스를 지탱하는 데 소중한 존재라고 생각했다. 그들에게 코로나 위기 속에서도 열심히 일을 해주고 있는 것에 감사하는 마음을 담아 '감사 메시지 카드'를 보냈다. '감사 메시지 카드'는 포장 자재에 같이 넣어서 협력 회사에 보냈다. 협력 회사의 많은 관계자들이 크게 감동했다고 한다.

그 후에 주식회사 파인에이드에서 어떠한 사업상 이슈가 발생한 적이 있었다. 그 당시에 협력 회사 모두가 일치단결하여 주식회사 파인에이드의 이슈를 해결하는 데 큰 도움이 되었다.

눈앞의 매출에 연연하지 않고 장기적인 관점에서 바라본 주식회사 파인에이드 사장의 판단이 공급망(Supply-Chain) 전체를 '팬 커뮤니티'로 만든 것이다.

화제의 '오픈 이노베이션'도 커뮤니티로부터

전 무라타 제작소 오픈이노베이션 추진팀 매니저 우시오 류이치씨는 최근 경영학계의 화두인 오픈 이노베이션(Open Innovation)*에서도 이러한 '커뮤니티화'가 중요하다고 말한다.

오픈 이노베이션(Open Innovation)은 자사가 갖고 있지 않은 기술을 그 기술을 갖고 있는 회사와 공유한다는 뉘앙스로 사용되

---

* 미국 버클리 대학의 헬리 체스브로(Henry Chesbrough) 교수가 처음 제시한 개념으로, 기업의 혁신을 위해 필요한 기술과 아이디어 개발에 외부 자원을 활용하는 것을 뜻한다.

기 쉽다. 하지만 보다 본질적으로는 이해관계자들이 합의하여 투명하게 정보와 지식을 교환하는 것으로 자연스럽게 윈윈 관계에 있어서의 이노베이션(혁신)이 일어나는 것으로 우시오 씨는 주장한다.

기업 상호간 비밀 계약을 한 후 서로가 갖고 있지 않은 기술이 무엇인지 따져보는 자리에서는 아무런 이노베이션도 발생하지 않는다. 오히려 먼저 커뮤니티를 만들어 가치관을 공유하는 것이 중요하다. 커뮤니티 안에서 이노베이션이 탄생하는 것이다.

이러한 사고의 흐름을 통해서 B2B 비즈니스 팬덤의 궁극적인 지향점은 B2C 비즈니스 팬덤과 동일하다는 사실을 깨닫게 된다.

즉 '판매자와 구매자' 관계에서 끝나는 것이 아니라 서로 무엇인가를 창조해 나가는 동료의 느낌이다.

햄버그 스테이크 전문점 '스미토료(炭棟梁)'의 고객이 진공포장 햄버그를 맛있게 조리할 수 있는 방법에 대해서 아이디어를 제시하였듯이 상대방의 비즈니스가 "어떻게 하면 잘 될 것인가."를 고민하여 제안하는 것이다.

커뮤니티를 통해 공급망(Supply-Chain)안에 최종 고객도 참여하게 되면서 '마음의 풍요로움'을 지속적으로 창출하는 생태계로 거듭난다.

사람의 '시뮬레이션 한계'를
어떻게 극복할까?

지금까지 언급한 일련의 활동을 실시하고 있는 B2B 비즈니스 회사들은 적은 수에 불과하다.

그 이유는 자기 소개 파일, 고객과의 소통을 위한 뉴스 레터, 거래처가 참가하는 B2B 커뮤니티 만들기가 아무래도 곧 매출로 연결되는 걸 체감하지 못하기 때문이다.

매출로 연결되는 활동이란 직접적으로 영업과 관련된 활동이라고 인식되고 있기 때문이다. 예를 들면 한 곳이라도 많은 거래처를 방문하여 고객과 대화를 하면서 영업 기회를 포착하는 것들이 있다.

사람들이 이렇게 생각하는 건 어쩔 수 없는 일이기도 하다. 인간의 뇌는 눈앞에 있는 사물로 의식이 향하고 사물 뒤에 있는 거시적인 구조를 파악하는 것에 서툴기 때문이다.

이것을 시스템 이론에서 '사람의 시뮬레이션 한계'라고 부르고 있다. 지금처럼 사물이 복잡하고 불투명하고 변화의 속도가 빠른 시대를 VUCA의 시대(변동성(Volatility)-불확실성(Uncertainty)-복잡성(Complexity)-모호성(Ambiguity)라고 부른다. 이러한 시대에는 복잡성(Complexity)을 잘 처리하는 것이 중요하다.

최근 비즈니스인에게 꼭 필요한 사고로 '시스템적 사고'를 자주 말하는 경향이 있는데 이는 이러한 시대적 배경 때문이다.

그러나 천성적으로 사람들은 '시스템적 사고'를 하는 데 서툴다. 더구나 코로나 위기 같은 때에는 문제가 더 커진다.

최신 연구에 의하면 지금의 코로나 사태처럼 강하고 급격한 스트레스가 뇌에 가해지면 뇌의 전두전야 활동이 반셧다운되어 버리는 상태가 된다고 한다. 전두전야는 사람이 무엇을 생각하고 결정내리고 기억하도록 명령하는 부위이다. 사물을 전체적, 장기적으로 보거나 계획적으로 볼 때 중요한 부위이다.

대신 강하고 급격한 스트레스가 증가하면 활동이 늘어나는 곳은 뇌의 오래된 영역인 대뇌 가장 안쪽의 대뇌연변계이다. 이곳은 생명체로서 생존하는 것을 첫 번째로 생각하는 곳이다. 이곳이 활성화되면 사물을 전체적, 장기적, 계획적으로 생각하는 것이 너무나도 어려워지게 된다. 걷잡을 수 없는 불안에 사로잡히고 충동적으로 변한다. 머리가 하얘진다고 표현하는 사람들도 있다. 이른바 패닉 상태가 되는 것이다.

그 결과 사람은 불안할 때일수록 근시안적으로 되어 버린다. 코로나 사태가 아니더라도 사람에게는 시뮬레이션 한계가 있다.

게다가 불안감이 커지면 더욱 더 근시안적으로 변한다.

이것을 어떻게 극복할지에 대한 문제는 오늘날 사람들이 의식하지 못한 매우 중요한 과제이다.

상품 개발 프로세스의 변화
고객을 모르면 상품을 만들 수 없다

고객을 얼마나
알고 있나요?

최근에는 기업과 최종 소비자와 연결되는 사례가 증가하고 있다. 예를 들면 혼다그룹은 자사 사이트 내에 팬을 위한 사이트를 운영하고 있고 대기업 제과업체 모리나가 제과도 '엔젤 PLUS'라는 팬 사이트를 만들어 소비자들에게 유용한 정보를 정기적으로 발신하고 있다.

또 다른 대기업 제과업체인 메이지 제과 주식회사는 자사 상품인 '버섯의 산'과 '죽순 마을' 중 어느 쪽이 더 좋은지에 대한 대국민 조사를 실시하였다. 대국민 조사에 투표한 사람은 20만 명을 넘었다. 이는 소비자와 함께 참가하는 것으로 '축제'와 비슷하다고 볼 수 있다.

왜 이들은 최종 고객과 연결하려고 하는 것일까?

소비자들의 여론 형성에 대한 기대 심리도 있지만 근본적으로는 제조사로부터 최종 소비자까지 이어지는 '직접 판매'를 바라는 마음 때문일 것이다. 하지만, 이런 눈앞의 성과와 숫자에 연연할 필요는 없다고 생각한다.

결국 기업이 고객과 연결되는 가장 큰 중요한 의미는 '고객을 아는 것'에 있다.

고객 설문지나 모니터링 조사, 고객 인터뷰가 의미가 없다고는 할 수 없지만 이것만으로는 고객을 파악하려는 것은 힘들다. 실제로 상품을 사용하는 소비자와 일상적인 소통을 해야만 그들이 어떤 것을 원하는지 어떤 서비스를 받고 싶은지 알 수 있다.

여러분들은 본 적도 없는 사람이 자신에게 딱 알맞은 선물을 골라 달라고 할 때 적절한 것을 추천해 줄 수 있을까?

그 사람을 잘 알아야 "이런 걸 좋아할 거야."라는 가설을 세울 수 있다.

그러나 이렇게 당연한 일을 지금 대부분의 기업에서 시행하지 않고 있다.

여기에서 알 수 있는 핵심 포인트는 "소비자와 긴밀한 관계를 맺는다."보다 "소비자와 언제라도 의사 소통할 수 있는 관계를 맺는다."라는 것이다.

고객과 커뮤니케이션할 수 있는 접촉 빈도를 올리는 것이 중요하다. SNS 등을 통한 정기적인 커뮤니케이션은 물론 지금은 코로나로 인해 어렵지만 고객과 실시간으로 의사소통할 수 있는 오프라인 이벤트 만남의 장도 정기적으로 여는 것이 필요하다.

인터뷰에서 알아낼 수 없는 고객의 속마음을 알아내는 방법

소비자들의 속마음을 더 잘 파악할 수 있는 방법이 있다. 그 방법은 바로 인터뷰 형식이 아닌 소비자들과 다과회 형태로 이야기를 나누는 것이다.

다과회라는 표현을 쓴 이유는 과자나 음료 등을 준비하지는 않겠지만 자연스럽게 고객들과의 대화의 장을 마련한다는 의미이다. 즉 가능한 일상 속의 대화와 가까운 형태를 취하는 것이 중요하다.

여러분들은 평범한 일상 속에서 누군가로부터 "○○○상품에 대해서 어떻게 생각하십니까?"라고 질문을 듣는 일은 없을 것이다. 그런 의미에서 기존과 동일한 방식의 고객 설문 조사는 결코 일상 속의 대화가 될 수 없다.

다만 일상적인 형식의 대화이기 때문에 대부분 영업과 직접적으로 관련없는 이야기가 주를 이룬다. 그럼에도 불구하고 그 대화의 90%를 차지하는 소소한 잡담 중 10%에서 힌트를 찾을 수 있다. 그 사실을 의식적으로 생각하고 대화를 해야 한다. 생각보다 10%라는 수치는 큰 것이다.

또한 고객과의 '소소한 잡담'은 쓸데없는 이야기로 생각할 수 있지만 그렇지 않다.

과거 후지제록스에서 영업 방법론을 연구하시던 분으로부터 들은 이야기이다. 영업 대표가 고객과 잡담이 가능한지 여부에 따라서 영업 실적에 결정적인 영향이 있다고 한다. 구체적으로는 영업대표가 고객과 잡담을 할 수 있는 관계가 형성되면 고객으로부터 '불만'을 들을 수 있다는 것이다.

고객의 투덜거림과 불만이 중요하다. '불만'은 곧 '고객의 본심'이다. 아직 고객 자신들도 명확하게 알 수 없는 '떠안고 있는 문제'인 것이다. 이 문제에 대한 해결책을 먼저 제안하는 것이 중요하다. 물론 이것은 어디까지나 영업 활동의 일환이다. 따라서 자사의 상품이나 서비스를 이용한 솔루션 제안 형태로 대화를 해야 한다.

그의 연구에 따르면 고객과 잡담이 가능한지 여부에 따라 수주 금액과 매출 및 이익률의 차이가 나타난다고 한다.

항상 고객으로부터 '본심'을 이끌어 낸다는 생각과 이끌어낼 수 있는 환경을 만드는 것이 굉장히 중요한 요소이다.

연구 개발보다 고객에 대한 투자가 더 확실한 이유

연구 개발에 대한 투자를 고객에 대한 투자로 돌리기 위한 과정 속에서 장애물이 되기 쉬운 것은 전사를 설득하는 작업일 것이다.

고객과의 일상적인 대화를 하기 위해서는 인원이 필요하고 세미나를 개최하게 된다면 준비하기 위한 장소도 필요할 수밖에 없다.

게다가 고객과 일상적인 대화로 본사가 얻을 수 있는 것은 '무의미한 대화가 90%'라는 것이다. 과연 이 방법론에 인원과 돈을 투자할 수 있는지에 대한 여부가 중요하다.

한 기업의 사례를 소개하고자 한다. 이 회사에서는 고객 니즈를 파악하기 위해 임직원들이 전국을 돌며 고객과 다과회 방식의 이벤트를 실시하고 있었다. 필자도 훌륭한 활동이라고 평가하고 있었다. 하지만 2년 후에 해당 회사 관계자로부터 "비용이 너무 많이 들기 때문에 그만 두었습니다."라는 이야기를 들었다.

이 또한 시뮬레이션의 한계이다. 고객과 긴밀한 커뮤니케이션을 하는 방법이 수년 후에 이익을 가져올 것이라는 구조를 많은 사람들은 이해하기가 어렵다. 그리고 이러한 방법은 가장 먼저 기업의 비용 삭감 대상이 되어 버린다. 너무나 안타까운 일이 아닐 수 없다.

고객에 대한 투자는 공장 시설 설비에 대한 투자와 같다. 성과가 나오는 것은 몇 년 후일지 모르지만 지금이라도 투자하지 않으면 몇 년 후의 매출도 이익도 얻을 수 없다.

그럼에도 불구하고 공장 시설 설비에 대한 투자는 가능해도 고객에 대한 투자는 할 수 없다고 말하는 사람들이 많은 것이 현실이다. 참으로 안타까운 일이다.

이러한 이유 중 하나는 공장은 어느 정도의 비용을 투자하면 언제, 어느 정도의 제품이 출시된다는 시뮬레이션을 세우기 쉬운데 반해 고객에 대한 투자는 매출에 어느 정도 공헌했는가를 파악하는 것이 어렵다라는 것이다. 하지만 필자는 고객에 대한 투자도 시뮬레이션이 가능하다고 말하고 싶다. 즉 고객에 대한 투자를 수치화하면 된다.

더구나 고객에 대한 투자는 반드시 이익으로 돌아올 수밖에 없는 방법론이다. 물론 연구개발 비용에 투자하는 것도 중요하지만 확실하게 이익으로 이어진다고 할 수는 없다. 이에 비하면 고객에 대한 투자가 이익으로 돌아올 확률은 압도적으로 높다.

중요한 사실은 전사적으로 고객에 대한 투자를 어떻게 이해하고 있는가에 대한 것과 대표 임원진들이 고객에 대한 투자에 대한 결심과 추진할 수 있는 의지의 여부이다.

상품이 팔리는 이유는
무수히 많다

필자는 원래부터 진행하고 있는 상품개발 프로세스 자체를 바꾸지 않으면 안 되는 시대가 오고 있다고 생각한다.

기존 상품개발 이론은 여러 가지 데이터를 종합적으로 기반으로 한다. "이런 상품이 잘 팔리지 않을까?"라고 가설을 세운 후 시장 조사와 고객 모니터링, 앙케트 설문 조사로 가설을 검증하여 시장에 내놓을지 말지를 판단하는 식이었다.

그러나 최근에는 이러한 기존의 프로세스로 상품을 잘 팔리게 만드는 일은 더욱 더 어려워지고 있다. 그 이유는 원인과 결과의 조합이 복잡해진 데 있다.

예전 같으면 기름값이 올랐으니 연비를 좋게 자동차를 만들면 팔리거나, 어떤 물건을 한 손으로 편안하게 들고 다니고 싶은 고객 니즈가 있으니 물건을 가볍게 만들면 팔린다는 등의 한 가지의 간단한 원인을 기반으로 상품을 만들면 실제로도 상품이 시장에서 잘 팔리는 시대가 있었다.

그러나 지금 이 시대는 그 요소가 복잡해졌다. 자동차의 효율적인 연비도 중요한 요소이지만 사람들은 이제 자동차의 디자인과 승차감에 대한 니즈도 있다. 하나의 결과에 다양한 요인이 영향을 주게 되었다.

따라서 고객 설문조사로 '연비가 중요'하다는 항목을 선택한 사람이 가장 많았다는 결과가 나온다고 하더라도 연비가 좋은 제품이 잘 팔린다는 보장은 없다.

특히 당장 꼭 사야 하는 물건이 아닌, 감성이 담긴 물건은 팔리는 이유가 다양하다. 아무리 고객 모니터링과 앙케트 설문 조사를 실시한다고 하더라도 모든 이유를 세세하게 파악하는 것은 어렵다.

'간만 보는 것'으로는 성과가 나지 않는다

만약 시장에서 히트한 상품을 모방하고 싶다면 그 원인을 모두 찾아내 그대로 재현해야 한다.

예를 들면 애니메이션 「귀멸의 칼날」이 성공한 이유는 다양하다. 매력적인 캐릭터와 아마존 프라임에서의 무료 시청, 개봉하는 시기에 경쟁작이 많지 않아 독점적으로 영화관 상영이 가능했던 이유, 다른 회사와의 콜라보레이션 상품 개발 등 많은 원인이 있다.

이 중에 하나만 고른다고 하더라도 「귀멸의 칼날」처럼 똑같이 성공한다는 것을 보장할 수 없다. 반대로 말하자면 모든 요인을 100% 똑같이 재현할 수 있으면 성공할 수 있다.

100% 똑같이 재현하는 것이 어렵다고 하더라도 그 중 절반이라도 따라할 수 있다면 성공이라는 결과도 나름 재현할 수 있다. 이렇게 다양한 원인 중에서는 강약의 정도가 있다. 특히 결과에 강한 영향을 준 원인을 제외시켜서는 안 된다.

지금 이 책을 읽고 있는 여러분들에게 꼭 전하고 싶은 말이 있다. 이 책에서 소개한 사례를 읽고 "그러면 우리도 고급 도시락을 만들어서 팔아보자."라는 등의 겉만 흉내 내는 것만으로는 성과가 나오지 않는다는 사실이다.

오히려 "왜 이 가게는 고급 도시락이 사람들에게 폭발적인 많은 인기를 얻고 잘 팔렸을까?", "왜 고급 도시락이라는 메뉴를 구성하였을 때 팬덤을 더 많이 만들 수 있었을까?" 하는 관점으로 본질을 파악하여 따라해야 한다.

그 관점으로 본질을 파악한 결과 "우리 가게는 고급 도시락 판매가 아니라 다른 방법이 더 좋을 것 같아."라는 결론에 이를지도 모른다. 이러한 결론만으로도 충분하다.

"원인은 하나가 아니고 다양하다."는 현재의 복잡한 비즈니스 환경에서 현상을 바라볼 때 반드시 지니고 있어야 하는 관점이다.

CHAPTER 4

감성과 가치로
만들어지는 시장이란

코로나 사태는 '비즈니스가 제공하는 가치는 무엇인가'를 재검토할 절호의 기회

고객 흐름이 끊길 때야말로 본인의 비즈니스가 고객들에게 주는 가치를 새롭게 할 타이밍

유동형(Flow)이 아닌 비축형(Stock)으로 비즈니스 형태를 전환하는 데 있어서 반드시 해야할 것이 있다.

그것은 바로 우리가 고객들에게 제공해야 할 가치가 무엇인지와 우리의 고객은 누구인가를 명확히 하는 것이다.

*CHAPTER1 '[고객 소멸] 시대의 마케팅이란?'*에서 말했듯이

앞으로의 시대 마음이 풍요로워지거나 가성비가 좋거나 둘 중 하나의 가치를 제공하는 기업만이 살아남을 수밖에 없다.

그러나 마음이 풍요로워지는 길이 아닌 가성비라는 길을 선택하면 막대한 투자와 노력을 각오해야 한다. 자금력이 풍부한 대기업이나 최첨단 IT기술로 승부하는 기업을 제외한 대부분 기업은 '마음이 풍요로워지는' 비즈니스를 선택해야 할 것이다.

그렇다면 어떻게 '마음이 풍요로워지는' 비지니스를 실천하면 좋을까? 우선은 "우리가 고객들에게 어떤 가치를 제공하고 어떻게 하면 고객의 마음을 풍요롭게 만들 수 있을까?"를 생각할 필요가 있다.

또한 모든 사람들의 마음을 풍요롭게 하는 것은 어려운 만큼 잠재 고객들이 누구인지에 대한 목표(타겟)를 생각해야 한다. 이에 맞춰 상품과 서비스를 원점에서 재검토해야 하는 상황이 나올 수도 있다.

코로나로 유동형(Flow) 고객 수요가 끊기면서 기업마다 진정으로 제공해야 할 가치는 무엇인지 진짜 고객이 누구인지를 더 잘 파악할 수 있게 된 측면도 있다.

꼭 이번 기회를 통해 원점에서 다시 한 번 더 자신의 비즈니스를 재검토해 볼 수 있었으면 좋겠다.

사라진 관광객과
이제야 보이기 시작한 '진짜 고객'

코로나 사태로 인해 다시 한 번 더 자신들이 제공해야 할 가치는 무엇일지를 생각해야 할 처지에 몰려 지금 열심히 변화를 도모하고 있는 기업이 있다. 이 책의 서문에서 언급한 '세키슈안(石舟庵)'이다.

'세키슈안(石舟庵)'이 2020년 5월 중순부터 가게 영업을 차례로 재개했을 때 각 지점별로 매출 회복에 큰 차이가 있었던 것을 언급했다. 그 차이는 지점별로 유동형(Flow)인지 비축형(Stock)인지에서 비롯되었다. 더욱 흥미로운 것은 이 2가지로 나뉜 지점들에서 잘 팔리는 상품도 다르다는 것이 명확하다는 사실이다.

코로나 사태 이전에는 비축형(Stock) 매장에도 유동형(Flow) 손님들이 많이 찾아왔기 때문에 그 차이는 별로 부각되지 않았다. 그러나 지금은 비축형(Stock) 매장에서 유동형(Flow) 고객이 소멸하고 비축형(Stock) 고객만 남았다.

마치 연못의 물을 빼면 지금까지 보이지 않았던 바닥이 보이는 것처럼 비축형(Stock) 고객들의 구매가 부각된 것이다. 비축형(Stock) 고객들이 가장 많이 찾는 상품은 '세키슈안(石舟庵)' 창업 당시부터 지금까지 꾸준하게 팔고 있는 대표 상품 콩찹쌀떡(鹽豆大福)이었다. 이 찹쌀떡은 무엇보다 팥소가 핵심이다.

'세키슈안(石舟庵)'의 뿌리는 제 2차 세계대전 직후 시작한 관광 특산품을 파는 작은 가게였다. 그 후 1984년에 지금까지 축적한 화과자 제조 기술과 노하우로 새롭게 문을 열게 된 가게가 지금의 '세키슈안(石舟庵)'이다.

그 무렵부터 계속 만들어 판매하고 있는 것이 바로 콩찹쌀떡(鹽豆大福)이다. 그 후 이즈(伊豆) 지방에 방문하는 관광객이 증가하면서 매출도 증가하고 파는 빵과 과자의 종류도 많아지게 되었다. 최근에는 이즈 산(産) 감귤을 사용한 치즈 타르트 등도 판매하고 있다.

최근 개발된 상품들도 맛있고 좋은 상품이고 코로나 이전의 인기 상품이었다. 하지만 오랜 세월 동안 '세키슈안(石舟庵)'을 유지시켜 준 것은 콩찹쌀떡이다. 콩찹쌀떡을 계속 구매하고 있는 지역 로컬 고객들이 바로 '세키슈안(石舟庵)'의 팬이었던 것이다.

'세키슈안(石舟庵)' 다카기 야스유키 사장은 "지금까지 진짜 고객에게 전혀 신경을 쓰지 않고 있었다."라고 반성을 하였다.

가게들을 다시 오픈한 후 고객들의 목소리를 듣고 작년 6월에 개최하려고 했던 '초여름 달콤 디저트 페어'를 '단팥 페어'로 변경하였다.

단팥 페어를 통해 그동안 응원해주고 있던 팬 고객층을 대상으로 창업 후부터 지키고 있는 단팥소에 대한 신념과 가치를 전달하였더니 좋은 결과가 나왔다.

전체 비축형(Stock) 가게 평균 매출액은 전년대비 154% 증가하였다. 비축형(Stock) 가게 중에서 전년대비 180% 증가한 곳도 있었다.

코로나로 인해 '자신들이 고객들에게 제공하는 가치'와 '진짜 우리의 고객'이 명확해졌다. 실제로 역사가 깊은 기업을 지탱하고 있는 고객들은 이러한 오래된 팬인 경우가 많다.

이러한 사실을 깨닫게 되었다는 의미에서 본다면 '세키슈안(石舟庵)'에 있어서 코로나 사태는 절호의 기회였다고 말해도 좋다. 물론 이러한 사실의 본질은 '세키슈안(石舟庵)'이 오랜 세월 동안 현지 지역 주민들에게 사랑받았고 품질 높은 화과자를 만들어 온 이력이 있다는 것은 말할 필요도 없다.

우리는 얼핏 보기에 겉모습이 화려한 손님과 새로운 손님들에게만 시선을 빼앗긴다. 그러나 정말 우리가 평생 함께 하고 싶은 고객인가를 제대로 생각할 필요가 있다. 이와 동시에 고객들에게 무엇을 통해서 어떠한 가치를 제공할 수 있는지에 대해서도 파악해야 한다.

갓포요리 전문점과 이탈리안 레스토랑이 실천한 '가치의 패키지화'란?

고객에게 비즈니스로 제공할 수 있는 가치를 마케팅 용어로 고객 가치 제안(Customer value proposition)이라고 한다.

고객 가치 제안(Customer value proposition)은 최근 많은 기업들이 중요하게 생각하고 있는 주제다.

고객 가치 제안(Customer value proposition)이 애매하다면 고객에 대해서 어떠한 가치를 제공할 수 있는지도 애매해져 버린다.

이 맥락에서 착각하면 안 되는 것은 "자신들이 제공하는 가치란 무엇인가를 명확하게 하는 것"은 단지 어떤 물건을 만들지, 어떤 물건을 팔지에 대한 여부가 아니라는 사실이다.

필자가 계속 강조하지만 지금 시대에 고객 니즈는 물건 그 자체가 아닌 '보이지 않는 가치'이며 그 본질은 마음의 풍요로움이다.

고객들에게 제공하고 있는 비즈니스가 유형의 상품이라고 하더라도 그 상품의 가치는 사용함으로써 얻어지는 행복감이다. 무형의 서비스라면 서비스를 이용함으로써 새로운 의미로 다가오는 시간일 것이다.

예를 들어 앞서 할리 데이비슨을 구입하는 사람은 단순히 움직임으로서의 기능을 원하는 것이 아니라고 언급하였다. 또한 고급 토스터기를 사는 사람은 빵을 굽는 기능이 아니라 맛있는 빵(굽는 과정 포함)을 통해 얻을 수 있는 풍성한 식사 시간을 얻기 위해 고급 토스터기를 사는 것이다.

마찬가지로 그 물건과 서비스를 제공함으로서 고객에게 어떤 가치를 제공할 수 있는지를 다시 한 번 생각해 보고 구현해야 한다.

구현과 관련된 사례를 소개하고 싶다. '가치의 패키지화'라고 하는 방법론이다.

일본 기후현(岐阜県)에 있는 일식 갓포요리* 전문점 센자쿠(千杓)는 코로나로 정상 영업을 할 수 없는 가운데 가게의 시그니처

---

* 갓포요리는 한자로는 '할팽요리(割烹料理)'로 적는다. 한자어를 그대로 해석하면 '할(割)'은 자르다는 의미로 칼을 이용한 조리법을 뜻한다. '팽(烹)'은 끓이다라는 의미로 불로 하는 조리법을 의미한다. 즉 칼 쓰는 기술과 불을 다루는 기술 등 기술이 뛰어난 조리법을 이용한 요리를 '갓포요리'라고 하는 것이다. 일본에서의 갓포요리는 '고객의 취향에 맞는 음식을 전문조리기술이 있는 요리사가 즉석에서 만들어서 제공하는 즉석 고급 요리'를 뜻한다.

메뉴인 장어 요리를 진공 포장해 테이크 아웃과 홈쇼핑으로 팔았다. 음식과 양념장만을 진공 포장한 패키지 상품에 손님들은 충분히 만족했다. 하지만 가게 주인 리카코 씨는 뭔가 부족하다고 느끼고 있었다.

가게 주인 리카코씨가 느낀 부족함은 우리가 제공하는 가치가 무엇인가라는 질문과 동일하다.

"가치란 무엇인가?"라는 질문의 연장선에서 일식 전문점 센자쿠(千杓)는 음식을 요리하는 것에서 끝나는 것이 아니라 '마음의 풍요로움'을 파는 가게이며 테이크아웃과 홈쇼핑으로도 고객들에게 푸짐한 식사와 즐거운 마음의 풍요로움을 제공할 필요가 있다.

이것이야 말로 센자쿠(千杓)가 제공할 가치라고 생각했다. 그렇다면 "어떻게 그 가치를 구현할 수 있을까?"에 대한 해결책으로 '조릿대(笹)'를 도시락 안에 넣기 시작했다.

조릿대(笹)는 작은 대나무이다. 평소에는 가게에서 구이 요리를 고객들에게 서빙할 때 구이 요리 밑에 까는 용도로 사용된다. 그 조릿대(笹)에 가게 주인이 직접 쓴 감사 메시지를 추가하였는데 손님들로부터 엄청 좋은 반응을 받았다.

이러한 방법을 필자는 '가치의 패키지화'라고 부른다.

일본 지바현(千葉県)에 있는 이탈리안 레스토랑 페세 아주로 (Pesce azzurro)의 이케다 마사히로 사장은 코로나 대책 중 하나로 고객들에게 테이크아웃 도시락을 만들어 판매하고 있었다.

그는 일식 전문점 센자쿠(千杓)의 방법을 그대로 똑같이 따라서 진행했다. 도시락에 손으로 직접 쓴 메뉴명을 붙이고 이탈리아 피렌체 풍경이 그려진 식탁 테이블 런천매트와 포크, 나이프, 앞치마도 준비했다. 손님들이 식사를 하면서 이탈리아를 떠올릴 수 있도록 도시락 박스 디자인도 이탈리아 국기 색깔의 포장지로 포장을 하였다.

집에서도 직장 회의실에서도 이탈리안 레스토랑이 생각나도록 기획한 것이다.

새롭게 리뉴얼된 이탈리안 왕새우 도시락은 손님들로부터 커다란 호평을 받았다. 거기에서 끝나는 것만이 아니었다. 이탈리안 왕새우 도시락 세트를 테이크아웃한 손님이 가게에도 찾아오게 된 것이다.

코로나가 무서워서 외식을 잘 못하겠는데 이탈리안 왕새우 도시락 세트를 먹으니 페세 아주로(Pesce azzurro)의 가게 분위기가 어떤지 궁금해서 방문했다는 것이다.

페세 아주로(Pesce azzurro)의 이탈리안 왕새우 도시락 세트는 고객들에게 가치의 패키지화로 우리가 제공하는 가치가 제대로 전달됐다는 가장 좋은 사례이다.

지금이야말로 고객들이 실제 매장으로 돌아오게 하라

지금 코로나 시대와 역행하는 말처럼 들릴 수 있지만 필자는 "지금이야말로 음식, 소매, 서비스업종은 오프라인 매장을 충실하게 관리해야 할 때"라고 생각한다.

아무리 배달과 온라인 판매에 의지한다고 하더라도 이 채널들로 제공할 수 있는 가치는 한정되어 있다. 결국은 하루 벌어 하루 먹고 사는 식으로 의지할 수밖에 없게 되는 것이다.

실제 매장을 충실하게 관리한다. 그 후에 코로나 사회적 거리두기 대책에 따른 자리 감소와 영업 시간 단축 등으로 수지타산이 맞지 않을 때에는 고객 리스트를 활용한 배달 등의 방법으로 매출을 보충한다. 그리고 고객 리스트를 따뜻하게 관리하면서 고객들이 다시 실제 매장에 방문하도록 한다. 이러한 프로세스로 매출을 올린다는 사고의 흐름이 필요하다.

실제 매장을 충실하게 관리한다는 의미는 실내 리모델링을 하거나 매장을 디즈니랜드처럼 바꾸라는 것이 아니다.

앞에서 언급한 세탁소 실크(Silk)는 요일에 따라서 가게에서 흘러나오는 음악과 조명을 바꾸고 있다. 실제 매장을 충실하게 관리한다는 것은 사소한 배려와 변화로도 가능하다. 햄버그 스테이크 전문점 스미토료(炭棟梁)에는 햄버그 스테이크에 뿌릴 수 있는 '단골 고객의 소금'이라는 몇 가지 종류의 소금이 준비되어 있다.

'단골 고객의 소금'을 뿌리면 함박 스테이크의 풍미가 깊어져 손님들에게는 햄버그 스테이크를 더 맛있게 즐길 수 있는 경험을 선사한다. 하지만 '단골 고객의 소금'은 가게를 2번 이상 방문한 손님부터 사용할 수 있다. 이렇게 장난기 가득한 요소가 이 가게의 매력이고 이 또한 "실제 매장을 충실하게 관리한다."의 사례다.

다시 한 번 강조하지만 코로나 바이러스가 영원히 지속되는 것은 아니기 때문에 지금이야말로 오프라인 매장에서만 제공할 수 있는 가치를 생각하고 개선해야 한다.

코로나로 인한 어려운 상황 속에서 오히려 스미토료(炭棟梁)는 새롭게 가게를 오픈하여 이전했다. 엄청난 인기를 얻어 가게 규모를 크게 하고 자리를 늘린 것은 아니다. 자세한 이유는 생략하지만 오히려 좌석 수는 약간 줄었다. 대신 스미토료(炭楝梁)를 찾는 고객들을 위해서 여러 가지 새로운 '즐거움'이 늘어났다.

확실하게 앞이 보이기 때문에 한 행동이지 않을까?

누구와 라스트 원마일을
계획할 것인가?

앞서 배송과 관련한 내용에 한 가지만 덧붙이고 싶은 말이 있다. 만약에 배송 비즈니스를 하게 된다면 라스트 원마일(The Last 1 Mile)*에 집중하자는 것이다.

오프라인 매장이 중요하지만 현재는 배송 수요가 커질 수밖에 없다. 하지만 앞서 설명한 '가치의 패키지화'를 목표로 삼는데 있어서 우버이츠(Uber Eats) 등의 배송 비즈니스를 활용하는 것은 리스크가 될 가능성이 있다.

고객 리스트를 직접 얻을 수 없다는 것도 문제이지만, 치밀하

---

* 주문한 물품이 배송지를 떠나 고객에게 직접 배송되기 바로 직전의 마지막 거리 내지 순간을 위한 배송

게 기획한 '가치의 패키지화'가 배정된 배달원에 따라 고객들의 배송 만족도가 떨어진다면 가치의 연쇄성이 끊어지기 때문이다.

이러한 리스크 때문에 [기대감에 두근두근! 마케팅 실천모임] 회원사 중에서는 일부러 직접 배송을 하는 회사들도 있다. 하지만 직접 배송을 하는 데에는 한계가 있다.

그래서 필자가 여러분들이 꼭 생각해 봤으면 하는 건 바로 라스트 원마일(The Last 1 Mile) 제휴다.

배송 관련 대기업의 힘을 빌리는 것과 별도로 라스트 원마일(The Last 1 Mile) 기능을 지니고 있는 비즈니스를 하고 있는 여러 사업들이 있다. 예를 들면 신문 배송을 하는 지국, 우유 대리점, 생수 정기배달, 야쿠르트 배달 등이 이에 해당한다.

정기적으로 고객의 집 청소 서비스를 하는 더스킨(DUSKIN) 같은 사업자들도 라스트 원마일(The Last 1 Mile)에 포함해도 좋다.

만약 이러한 사업자들 중에 고객들에게 가치를 제대로 전해주는 신뢰할 수 있는 회사가 있으면 그들과 함께 계획해서 배송하는 것이다. 가치의 연쇄성이 끊어지는 일 없이 고객들에게 제대로 된 배송을 할 수 있지도 모른다.

이러한 콜라보레이션 상대를 찾는데 있어서 '우리의 비즈니스와 감성이 맞는지에 대한 여부'로 결정하는 것이 중요할 것이다.

대화가 잘 통한다고도 말할 수 있다.

[기대감에 두근두근! 마케팅 실천모임]에서는 비슷한 가치관을 갖고 있는 회원사들끼리 서로 콜라보레이션 협업을 하는 경우가 종종 있다. 예를 들면 "이러한 상품을 개발해 배달할 때에는 이러한 의상을 입고 배달하면 좋겠다."고 말하면 "좋습니다." 하고 금세 말이 통하는 것이다.

예를 들어 크리스마스에는 산타클로스 복장으로 배송하는 것이 좋겠다라고 말이 통하는 식이다. 만약에 서로 가치관이 통하지 않는다면 "크리스마스에 꼭 산타클로스 복장으로 배송을 할 필요가 있을까? 옷 같은 건 상관없지 않을까?"라고 대답하게 된다. 이렇게 되면 왜 산타클로스 복장으로 배송하는 것이 중요한지 처음부터 설명해야만 할 것이다.

작은 공급망(Supply-Chain)이라고 할 수 있지만 고객들에게 '마음의 풍요로움'를 판다는 의미라면 중요하다. 감성이 맞는 사람과 기업들 간 협업을 통해 공급망(Supply-Chain) 전체가 팬덤이 되는 것이다.

시장은
감성으로 창조된다

이제 세상은 감성으로 이어지는 시대가 되었다. 감성이 가게와 고객, 관계자와 고객, 고객과 고객, 관계자와 관계자를 연결하는 고리다.

앞서 언급했던 햄버그 스테이크 전문점 스미토료(炭棟梁) 사례를 다시 한 번 더 살펴보도록 하자.

스미토료(炭棟梁) 모리시타 사장님이 목표로 했던 회원수 1만 명을 작년에 달성했다. 사장님은 회원수가 1만 명에 도달하면 해보고 싶었던 게 있다고 한다. 바로 스미토료(炭棟梁) 회원만 입장할 수 있는 날을 만드는 것이다. 그 날은 스미토료(炭棟梁) 회원만 식사를 할 수 있는 특별한 날인 것이다.

하지만 모든 회원들이 입장할 수 있는 건 아니었다. 입장권을 구매한 회원들만 들어올 수 있었다. 아침 8시부터 입장권을 가게에서 구매할 수 있도록 하자 새벽 6시부터 줄 서서 입장권을 사려고 하는 회원들도 있었다.

아침 9시 전에 모든 티켓이 '매진(SOLD OUT)'되었다고 한다. 모리시타 사장님은 입장권을 일부러 콘서트 티켓과 비슷하게 제작했다.

가게 문을 열면 콘서트장 느낌이 물씬 나게 바꾼 특별한 공간으로 이어진다. 햄버그 스테이크와 관련된 내용을 연극처럼 설명하고 가게에서 일하는 스탭들의 재미있는 퍼포먼스도 진행된다. 고객들 사이에서 잘 알려진 단골 고객의 등장 무대, 식자재 생산자 인터뷰, 새로운 메뉴 경매 등등 콘서트장에 온 느낌을 받게 한다.

모리시타 사장님은 고객들이 웃으면서 행복한 시간을 즐기고 있는 모습을 보고 있으면서 "인생을 살고 있는 그 자체가 행복하다."라고 생각할 수 있는 시간이었다고 느꼈다고 한다.

스미토료(炭棟梁)를 응원해주는 열성적인 팬들을 위한 금전적 혜택은 일절 없다고 한다. 스미토료(炭棟梁)의 사례로 강조하고 싶은 내용은 이렇듯 열성적인 팬들은 누가 시키지도 않았지만 이 가게에 있고 싶기 때문에 찾아온 것이다. 이들은 감성으로 이어져 있다.

식자재를 납품하는 업자들도 마찬가지이다. '가치'를 추구하는 모리시타 씨에게는 식자재 납품업자들도 가치로 이어진 소중한 존재이다. 식자재 납품업자들도 이왕이면 본인들이 납품한 식자재로 만든 음식을 "이렇게 열성적인 고객들이 맛있게 먹어

준다면 좋다."라는 생각을 하고 있기 때문에 그들 역시 같이 기뻐한다. 가게 사장님이 식자재 납품업자들과 함께 가치를 만들어 가고 있는 것이다.

열성적인 팬덤의 힘으로 "스미토료(炭棟梁)만이 고객들에게 제공할 수 있는 가치를 또 다른 새로운 형태(신메뉴 개발, 고객이 예상치도 못한 서비스 등)로 시도해보면 어떨까?"하는 생각이 든다. 무조건 손님들로 문전성시를 이룰 것이다.

물론 스미토료(炭棟梁)나 식자재 납품업자들이 가치 제공만 하는 것이 아니라 가치를 말하는 것이 중요하다. 그렇게 된다면 고객들은 또 그 생각, 가치관, 집념, 가치에 관련된 이야기에 심취하게 된다.

이렇게 해서 시장은 창조된다. 시장은 마치 원래부터 존재하고 있는 것으로 알고 있지만 본질은 누군가가 가치를 구현해 세상에 나타나도록 창조하는 것이다.

이렇게 형성된 시장을 수용하는 사람의 감성과 맞물려 구매 행동이 나타난다. 구매 행동을 통해 시장이 만들어진다.

그리고 지금 이 시대의 시장은 한층 더 감성의 연결 속에서 만들어지고 있다.

미션(목표)찾기와 비즈니스는
동시 병행으로

일단 시작해보자.
미션(목표)은 고객들이 알려주는 것이다.

비즈니스에서 "자신이 제공하는 가치를 무엇인지 생각해볼까
요?"라는 질문을 하면 마치 정답처럼 나오는 답변이 있다.

"자신이 손님들에게 어떤 가치를 제공할 수 있는지 잘 모르겠
다."

위와 유사한 고민으로는 "자신이 하고 있는 비즈니스의 정해

180

진 미션이 없기 때문에 비즈니스도 정할 수 없다."도 있다. 이것은 바꿔 말하면 "일이란 무엇인지를 알고 있지 않다."와 동의어로 볼 수 있다.

결국 일이라는 것은 상대방이 존재해야 성립하는 것이다. 아무리 자기 스스로 "이것이 저의 미션입니다."라고 생각하고 주장해도 손님들에게 평가받지 못한다면 무가치한 것이고 비즈니스로도 성립될 수 없다.

비즈니스란 "자신의 미션이란 무엇인가?" 라고 하는 창조 활동과 일상의 영업을 통해 매출을 높인다는 문제 해결 활동을 동시 병행해야 하는 것이다.

자신이 고객에게 가치를 제공하다보면 "아 내 비즈니스의 이런 부분이 고객들로부터 좋게 평가되고 있구나."를 깨닫는다. 이 깨달음 가운데 비즈니스의 미션을 발견하는 것이다.

위의 원리는 작은 규모의 비즈니스부터 수십억 수백 원 단위의 돈이 움직이는 비즈니스에서도 마찬가지다.

이렇게 정해진 비즈니스의 미션은 결코 만고불변의 것이 아니다.

필자는 "미션은 매일 아침마다 바뀌어도 좋다."고 생각한다. 어느 날 잠에서 깨어나는 순간 "이것이 내 비즈니스의 미션이다!"라고 하늘에서 계시가 내려온다고 하더라도 다음날 또 다른 계시가 내려올지도 모르는 것이다. 미션은 매일 변해도 전혀 문제 되지 않는다.

빨리 자신의 미션을 찾는 활동을 시작하는 게 중요하다. 사업에 있어서 성과를 내고 있는 회원사들의 이야기를 들어보면 그들은 항상 멈추지 않고 움직인다는 느낌이 든다. 그들이 하고 있는 일이 놀라울 정도로 빨리 변하기도 한다.

그러나 변화할 때마다 고객에게 지지와 응원을 받고 있기 때문에 매출은 항상 꾸준히 지속된다. 『죽음의 수용소』라는 책으로 널리 알려진 빅토르 프랭클린 박사의 말에 이런 말이 있다.

"인생에서 미션이란 만드는 것이 아니라 발견하는 것이다."

일과 미션의 관계도 만드는 것이 아니라 발견하는 것이 아닐까?

예술이란 무엇일까?
비즈니스 또한 예술 작품이 될 수 있다

필자는 '마음의 풍요로움'을 제공하는 비즈니스를 예술이라고 생각한다.

최근 일본에서는 예술에 대한 대중들의 관심이 크다. 사실 필자도 대학에서 미학을 전공했기 때문에 예술 분야에는 많은 관심이 있다. 하지만 여론에서 말하는 예술의 중요성이란 결국 교양 습득의 연장선 차원이라는 느낌이 강하다.

예술이란 더 복잡하고 파워풀한 것이다. 필자에게 예술이 무엇이냐고 물어본다면 언제나 "인간에게 에너지를 주는 것"이라고 대답한다.

수백 년 전에 만들어진 작품이라도 진정으로 훌륭한 예술 작품들을 보면 사람들은 예술 작품에서 엄청난 에너지를 얻는다. 그것이 바로 예술(아트)이 가진 힘이다.

'AI VS 인간'이라는 주제가 논란이 되었을 때 AI가 끝까지 만들어낼 수 없는 인간의 영역은 바로 예술이라고 한다. 필자도 그렇게 생각한다. 인간에게 에너지를 주는 역할은 아마도 마지막까지 인간에게 남겨지는 영역일 것이다.

AI가 접대를 배운다면 일류 접객을 몸에 익힌 사람과 같은 표현을 할 것이다. AI가 표면적으로는 재치있는 접대와 응대를 할 수 있게 될지도 모르지만 그 내면에 있는 접대의 질(패턴 랭귀지의 창시자 크리스토퍼 알렉산더가 '이름 지을 수 없는 질'이라고 부른 것과 유사한 느낌)은 그렇게 간단하게는 만들어낼 수 없을 것이다.

사람들에게 에너지를 주는 비즈니스 또한 유일무이한 예술이다.

오랜만에 S마트를 찾은 고객으로부터 사장님이 들었던 "S마트에 가기로 했더니 두근거려서 너무 행복했다." 평가는 영락없는 예술이다.

일본 니가타현 시골에 위치한 전원지대 단 45평짜리 실내 공간 S마트가 바로 예술 작품인 셈이다.

따라하지 말고
배워라

한 사람이 만들어낸 독창적인 작품만이 예술로 인정된다. 고흐나 페르메이르의 모작은 방에 걸 수 있는 작은 인테리어 요소가 되겠지만 진짜와 같은 가치를 지니고 있지는 못한다.

S마트의 안을 둘러본 후 S마트와 똑같은 구성으로 물건을 진열해도 아무런 소용이 없다는 뜻이다.

예술 작품을 모방한다고 해서 모작이 아트가 될 수는 없다.

184

하지만 그림 공부에 있어 처음에는 모사부터 시작하듯이 성공 사례를 따라하는 것은 좋고 매우 효과적이다. 필자의 [기대감에 두근두근 마케팅 실천모임] 모임에서는 그것을 '따라하기'라고 부르고 있다.

특히 지금처럼 좋은 실적과 성과를 얻을 수 없는 시대에는 지푸라기라도 잡는 심정으로 성공 사례를 따라하는 것은 결코 나쁜 것이 아니다.

모방하면서 서서히 자신의 예술로 바꿔가는 것이 중요하다. 문제해결과 창조 활동을 동시에 진행하면 된다.

사람들이 계속 찾는 가게의 2가지 특징
– 유행형(Boom)은 금방 다 사라진다

전에 라쿠텐 대학교* 학장 나카야마 신야 씨와 대담을 한 적이 있는데 그때 재미있는 이야기를 들었다.

---

* 200년 1월에 설립한 라쿠텐 그룹의 대학교. 라쿠텐에 입점하는 사람들을 위한 강의, rms 통계 및 고객 분석, 매출 향상을 위한 노하우, 광고의 종류 가격, 효과 등을 배운다. 라쿠텐에 입점한 가게 주인들을 위한 비즈니스 프레임워크 및 이커머스 컨설턴트, 입점 기업들간의 정보교류회도 이루어진다.

나카야마 씨는 라쿠텐의 창업 직후의 초창기 멤버이며 이커머스 비즈니스를 속속들이 알고 있다. 그에 따르면 라쿠텐에서 오랜 기간동안 꾸준히 높은 매출을 계속 유지하는 입점 기업은 2 종류라고 한다.

하나는 필자가 말하는 '두근두근형' 기업이고, 또 다른 하나는 '유행형(Boom)' 기업이라고 한다.

유행형(Boom) 기업이란 앞으로 시장에서 인기 있을 상품을 민감하게 파악하여 파는 천재적 재능을 가진 사람이 하는 기업을 말한다. 세상의 흐름을 읽고 유행(Boom)이 일어나기 전에 그 상품을 사들여 유행(Boom) 물결을 타고 가격이 비쌀 때 파는 것이다.

유행(Boom) 상품에 대한 후발 경쟁주자들이 늘어나고 가격 경쟁이 치열해질 때에는 이미 새로운 상품을 찾고 또 시장에 내놓는다.

유행형(Boom)은 두근두근형과 정반대에 있지만 사업적으로는 있을 수 있고 오히려 '싸게 사서 비싸게 판다'는 것은 사업의 본질이다.

반면에 두근두근형은 자신들이 제공하는 가치를 명확하게 하는 것이다. 단골 고객(팬)을 소중히 여기는 판매를 하는 두근두근형 입점 기업도 높은 매출을 유지하는 상위 판매자 순위에 올라가 있다고 한다.

필자가 말하고 싶은 건 어느 쪽이 좋고 나쁘다는 것이 아니다. 어느 쪽으로 승부를 볼 것인가를 분명하게 하지 않으면 살아남을 수 없다는 사실을 말하고 싶다.

나카야마 씨는 유행형(Boom) 입점 기업은 열정을 불태우며 장사하다가 지쳐서 나가 떨어지기도 한다고 한다. 그래서 많은 돈을 번 다음에 라쿠텐에서 탈퇴해 버린다는 것이다.

매일 다음 유행할 상품은 무엇인가를 고민하고 상상하는 것은 엄청 힘들고 가혹할 것 같다.

반면에 두근두근형은 원래 자신이 하고 싶은 방향대로 즐겁게 비즈니스를 추진하고 있기 때문에 스스로를 불태우지는 않는다.

자신의 예술을 만들고 팬을 만드는 일은 쉽지 않지만 지향해야 할 방향이자 길이다.

즐거운가 / 즐겁지 않은가
아름다운가 / 아름답지 않은가

필자만의 마케팅 이론과 방법론을 '두근두근 마케팅'이라고 부른다. '두근두근'이라는 단어에서 사람들은 종종 "두근거리는 것을 한다." "좋아하는 일을 해야 한다."라는 뜻으로 생각하고 받아들인다. 하지만 필자가 말하는 '두근두근 마케팅'은 이런 의미가 아니다.

비즈니스를 하다보면 때로는 하고 싶지 않은 일을 하지 않으면 안 될 때가 있다. 나름 아이디어를 발휘해봤지만 항상 좋은 평가를 받을 수는 없어서 즐겁지 않을 때도 있다.

필자가 말하는 '즐겁다'라는 단어의 의미는 '좋아하는 것을 포함'한다는 뜻이다. 매일 일상 속에서 자신이 좋아하는 것을 조금이라도 포함해야 한다. 아무리 고객이 원하는 것이라도 내 자신이 원하는 요소가 담겨있지 않으면 지속하기 어렵다.

[기대감에 두근두근! 마케팅 실천모임] 회원사들로부터 자주 듣는 일화가 있다. 바로 모처럼 사람들에게 인기를 얻어 잘 팔리는 상품이나 서비스를 도중에 그만둬야 하는 경우가 생긴다는 것이다.

그 원인의 대부분은 좋아하는 쪽을 선택했기 때문이다. 어느 상품이 너무 잘 팔렸지만 원래 목표로 한 고객이 아니라 자신들의 비즈니스 가치관을 공유할 수 없는 고객이 증가했을 때 "이건 원래 생각했던 것과 다르다."라고 생각하고 오히려 방향을 바꾼 회원사가 많다.

앞서 언급한 나고야에 위치한 레스토랑 반도가 고급 도시락 판매를 그만두었던 이유는 여름철 식중독 문제도 있었지만 '방향성 및 가치에 대한 위화감'을 느꼈기 때문이다.

레스토랑 반도의 본래 가치는 고객들이 레스토랑에 방문하여 즐거운 시간을 보내는 것이다. 하지만 도시락만으로 전년 대비 매출이 증가하자 "이것은 아무래도 우리가 지향하는 가치와 다르다."라고 생각을 한 것이다.

고객들로부터 많은 인기를 얻어 매출이 증가하는 것은 대단한 일이지만 매출 증가라는 함정에 빠져서 본래 자신들이 추구했던 가치관에서부터 멀어져버린다면 본말이 전도된다.

예술로서 비즈니스를 판단하는 기준은
'돈을 많이 벌까 / 돈을 못 벌까'가 아니다.
'좋아하는가/좋아하지 않는가',
'즐거운가/즐겁지 않은가',

'아름다운가/아름답지 않은가'가 기준이다.

당신의 예술은
이미 존재한다

"비즈니스는 예술이다."라는 말을 듣고 도무지 감이 안 잡히는 분들도 있을 것이다. '킹 런 도카이 (KING RUN 東海)'의 사장 하라다 씨처럼 애초부터 자신의 비즈니스에 적합하지 않다고 느끼는 분도 있을 수도 모른다.

하지만 필자가 꼭 전하고 싶다. 여러분들의 예술은 이미 존재한다.

'킹 런 도카이(KING RUN 東海)'의 고객 병원 병실 커튼을 교환하러 갔을 때의 이야기를 소개해보도록 하겠다. 병실 커튼을 교환하던 중에 환자의 가족으로부터 "병실 커튼을 얼마나 자주 교체하고 있으세요?"라는 질문을 받았다.

"1년에 1번입니다."라고 대답하자 환자의 가족은 "정말요? 1년에 1번밖에 없는 커튼 교체를 볼 수 있는 기회네요."라고 대답하면서 신기해했다. 그래서 담당 직원이 "커튼이 1년에 중에 가장 깨끗한 날이 오늘입니다."라고 대답하자 환자의 가족은 "볼 수 있어서 정말 행운이에요."라고 했다.

위의 일화처럼 '킹 런 도카이(KING RUN 東海)'에서는 '병실과 거실에 꽃을 피우는 프로젝트' 중 현장에서 일어나는 에피소드를 자사 홈페이지에 많이 기재하고 있다. 병실 커튼 교환 작업 중에 생긴 또 다른 에피소드를 소개하고 싶다.

환자가 커튼을 교체하고 있던 직원에게 "혹시 커튼 세탁을 하는거예요?"라고 물었다. 직원은 "네 맞습니다. 깨끗하게 청소된 커튼을 달아드리고 있어요."라고 대답하자 환자는 이렇게 말했다.

"사실 저는 1년 전에도 입원했었는데 그때에도 커튼 교환하는 날이었어요. 그랬더니 그날부터 몸 상태가 좋아져서 퇴원이 빨라졌어요. 오늘도 커튼 교환하는 날이네요."

직원은 "이번에도 반드시 빨리 쾌차하실 거예요."라고 대답했다. 환자는 "정말 그랬으면 좋겠어요. 다행이에요. 저에게 커튼 교환은 마법의 주문이에요."

필자가 세운 "사람에게 에너지를 주는 것은 바로 예술이다."라는 정의의 측면에서 생각해본다면 그 당시 커튼 교환을 하는 이 병실에는 분명 예술이 존재했다. 여러분들의 비즈니스 속에 이미 예술은 있다.

CHAPTER 5

조직을 변화시키고
자신도 변하자

딱딱하게 경직된
'사람과 조직'을 바꾸다

변화의 3 단계
– 포인트는 '사고의 전환'에 있다

「고객 소멸」 시대의 마케팅 핵심은 유동(Flow)이 아닌 비축
(Stock)을 목표로 삼는 것이다. 고객에게 '마음이 풍부해지는' 상
품과 서비스를 제공하고 손님을 고객화하고 팬덤으로 육성하기
위해서는 무엇이 중요할까?

바로 지금까지 해왔던 업무 방식을 A부터 Z까지 근본적으로

바꿔야 한다.

하지만 다른 사례로 지금까지 몇 번이나 경험한 것처럼 이러한 변화 자체를 방해하는 원인은 의외로 외부가 아니라 내부에 있다.

그 이유는 바로 지금까지 잘 해오던 비즈니스 방법론과는 360도 다르게 비즈니스의 체질 그 자체를 바꿔야 하기 때문이다. 기업의 규모가 클수록 변화에 대한 저항은 크다.

기업 내부의 변화를 두려워하는 사람들은 "지금은 변화가 빠른 시대이니 지금 변해봤자 금방 또 바꿔야하니 지금 당장 바뀌는 게 능사가 아니다라고" 말할지 모른다. 하지만 그렇지 않다. 지금은 살아남기 위해서 변화해야만 한다.

어떻게 하면 변화를 두려워하는 사람을 움직여서「고객 소멸 시대의 마케팅」을 실천해 나갈 수 있을까?

CHAPTER 5에서 이를 위한 방법론에 대해 설명하고자 한다.

먼저 심리학자 쿠르트 레빈의 '변화 3 단계'라는 이론을 소개하고자 한다.

그의 연구에 의하면 무엇인가를 자기 자신에게 적용할 때 우선은 원래 스스로가 지니고 있던 종래의 상식이나 생각을 녹이지 않으면 안 된다고 한다. 그는 '해빙'이라는 단어로 이 과정을 설명한다. 딱딱하게 굳은 곳에 못을 박으려 해도 잘 박히지 않는 것을 생각해보면 된다.

그렇기 때문에 우선은 종래의 상식과 추측을 '해빙'한다. 그리고 그 후에 새로운 생각과 방법을 학습한다. 이것이 2번째 단계 '변화'이다.

그리고 마지막 3단계는 '재동결'이다. 학습한 새로운 생각이나 방식을 습관화시킨다는 것이다. 그는 '해빙 - 변화 - 재동결'의 과정을 거쳐야 사람은 변한다고 말하고 있다. 이 이론을 처음 들었을 때 확실히 마음에 와 닿았다.

[기대감에 두근두근! 마케팅 실천모임] 회원사 중에서 열심히 노력하는 분들이 많은데도 불구하고 배운 것을 좀처럼 실천하지 못하는 분들이 있다.

어쩌면 그분들은 '두근두근 마케팅'에 관심을 갖고 긍정적으로 수용하고 배우기를 시작하려고 하지만 아직 '해빙'의 과정에 있는 것이 아닐까?

새로운 것을 배우기 시작할 때 빨리 '자기 해빙'하여 본격적으로 변화를 할 수 있는 사람은 극히 적다. 저자의 경험상 전체의 3% 정도다.

그렇다면 어떻게 그들을 '해빙'시켜 제2단계로 자연스럽게 넘어가게 할 것인가?

그 과정에는 다음 목차에서 설명할 어떤 도움이 필요하다.

'좀처럼 변하지 않는 사람'을 움직이는 중요한 비결은?

그 도움은 바로 모임의 동료(회원사)의 존재다. 구체적으로는 동료가 경험한 사례를 보고 듣는다. 그 후 이미 열심히 잘 실천하고 있는 사람이 있는 장소(온라인도 포함)에 있어 보자.

옆에서 새삼스럽게 질문과 대답을 할 필요도 없다. 단지 '있어 준다'만으로 좋다.

우리는 이 방법론을 "잠기다"라고 부른다. 목욕물에 몸을 담그듯이 물에 잠기는 것이다. [기대감에 두근두근! 마케팅 실천모임]은 지속적으로 "스며들다"를 하고 있다.

지금 필자는 게이오 기주쿠대학의 이바 타카시 교수와 '사람의 창조적인 배움과 실천'에 대해 공동 연구를 진행하고 있다. 이 '잠기다'라고 하는 개념은 이바 타카시 교수의 연구 '지식-배움 패턴'으로부터 나왔다. '잠기다'는 [기대감에 두근두근! 마케팅 실천모임]의 공통 개념이자 언어로서 완전히 정착되어 있다.

필자의 모임 구성원들은 세상에 대해 긍정적이면서 혁신적인 분들이 많지만 어디에서부터 어떤 방식으로 시작하면 좋은가라는 구체적인 가이드와 여러 가지 실천 방법론도 설명해드리고 있지만 아직 자연스럽게 변화를 일으킬 수 없는 사람들이 있다.

하지만 이런 분들은 어찌되었던 사례를 보고 듣고 물어보면서 움직이기 시작한다. 이것은 "단순히 사례를 참고한다."이상의 의미가 있다. 변화는 자연스럽게 따라온다.

더 강력하고 자연스러운 변화를 위해서는 이미 실천하고 있는 사람들을 생생하게 만나서 보고 듣고 물어보는 것이다. 그들이 있는 장소에 잠겨보자. 그 후로는 자연스레 새롭게 사물을 바라보는 법과 사고방식 실천 등이 밀려 들어온다.

점점 더 "나도 이렇게 되고 싶다"라고 생각해보자. '자기 해동' 이 진행되는 것이다. 적지 않은 분들은 대단한 성과를 내고 있는 사람을 만나 보고 "생각보다 평범하구나, 나도 할 수 있지 않을까?"라는 생각이 들기 마련이다. '나도 할 수 있지 않을까'라는 생각 그 자체가 이미 '자기 해동'에 도움을 주고 있는 것이다.

동료가 발 빠르게 도와 준다고 하는 의미가 아니다. 단지 그 자리에서 생생하게 접하는 것만으로도 '자기 해동'이 되어 배움과 실천의 단계로 넘어갈 수 있는 것이다. 그렇기 때문에 '동료가 있는 장소'는 중요하다. 필자도 장소의 중요성을 알기 때문에 [기대감에 두근두근! 마케팅 실천모임]를 만들었다.

조직을 원활하게
'해빙'하려면

해빙에 대한 문제는 조직에도 있다. 반드시 조직에 도사리고 있다고 생각한다. 필자의 [기대감에 두근두근! 마케팅 실천모임] 회원들 중에서는 사업체를 경영하는 최고 경영자분들이 많다. 그분들로부터 모임을 하다보면 많이 듣는 소리는 바로 "새로운 생각과 방식이 좀처럼 전사적으로 제대로 정착되지 않는다."라는 것이다.

기업에서 근무하는 회사원분들도 개인 자격으로 회원 가입하여 어떻게서라도 전사적으로 새로운 생각과 방법을 실천해보려는 분들도 있다. 그분들도 최고 경영자분들과 똑같은 고민을 하고 있다. 회사원들의 경우 본인이 경영자가 아닌 만큼 실천하는 부분에 있어서 제약사항이 많아 끝없이 고민하는 경우가 많다.

이 문제를 해결하기 위한 열쇠는 제 1단계 해빙이다. 조직 개혁 전문 스콜라 컨설턴트 그룹의 컨설턴트 우치다 타쿠 씨는 이 해빙의 과정을 중요하게 생각하고 있다고 말한다. 스콜라 컨설턴트 그룹은「오프사이트 현장 미팅 - 성실한 잡담 커뮤니케이션」이라는 방법을 만들어 조직 분위기 개혁에 효과적으로 활용하고 있다. 이 오프사이트 현장 미팅이 바로 해빙을 촉진하는 열쇠이다.

오프사이트 현장 미팅을 하다보면 제 1단계 해빙의 과정에서 먼저 나오는 말은 '푸념과 불안'이라고 한다. 그는 푸념과 불안에 대한 내용이 참석자들의 입 밖으로 나올 때까지 처음부터 끝까지 주의 깊게 듣는다고 한다. 이 과정에서 새로운 사고 프로세스가 나오고 새로운 것에 대한 배움과 실천을 할 수 있도록 방향성을 잡아 나아간다고 생각한다. 필자는 이 과정에서 '제 1단계 해빙'이 일어나고 있다고 생각한다.

앞서 언급하였지만 빠르게 자기 스스로 해빙을 시작할 수 있는 사람은 전체의 약 3%이다. 100명으로 구성된 조직이라면 3명이 있을까 말까이다. 사람과 조직이 바뀌려면 제 1단계 해빙이 관건이다.

사람을 변화시키는
전달 방법의 중요한 핵심은?

사람들의 인식을 바꾸려면 전달하는 방법도 중요하다. 리더가 "앞으로 이렇게 한다."라고 말하고 전사가 그대로 움직여 준다면 걱정할 필요가 없다. 하지만 사람들은 좀처럼 움직이기 싫어하고 변하려고 하지 않는다.

이것은 상대방에게 의욕이 없기 때문이 아니다. 리더의 전달 방법이 잘못된 것이다.

몇 가지 핵심 포인트가 있지만 가장 중요한 것은 "무엇을 합시다, 할 것이다."만을 말해서는 안 된다. 사람들은 자신이 '왜 해야 하는지' 그 이유를 납득하지 않으면 움직이려 하지 않기 때문이다.

다시 말해 첫 번째는 Why가 핵심 포인트이다. 왜 해야 하는 것인가를 사람들에게 정중하게 제대로 전달하는 것이 중요하다. 또한 단 한 번의 말로 사람들에게 제대로 전달되었다고 생각하지 않는 게 좋다. 몇 번이고 지속적으로 반복해서 전달해야 한다.

그리고 둘째 '시작하는 방법'이다. 사람들이 해야 할 일을 알고 있긴 하지만 첫걸음을 어떻게 내딛는지 모른다면 좀처럼 움직일 수 없다.

행동과학에서는 행동의 레퍼토리라는 말을 사용하지만 처음 하는 일에 좀처럼 발을 들여놓지 못하는 것은 이 레퍼토리가 적거나 전혀 없기 때문이다.

사람들에게 하나부터 열까지 일일이 알려주라는 의미가 아니다. 처음은 이렇게 하라고 안내하고 재촉도 하지만 중간부터는 자기 스스로 움직일 수 있도록 하지 않으면 안 된다.

맨 처음부터 3보까지는 함께 도와주면서 가르치다가 그 다음은 본인 스스로 움직이도록 하는 것이 중요하다.

사내에서도
'팬덤'을 만든다는 의식을

자신이 속한 조직의 규모가 클수록 변화는 어려워진다. 그렇다면 규모가 큰 조직의 경우에는 어떻게 하는 것이 좋을까?

필자는 규모가 큰 조직에서 가장 중요한 것은 '팬덤'이라고 생각한다. 예를 들어 사내의 경영진 및 상사와 팀원, 후배를 고객이라고 가정하고 팬덤을 만들어 간다고 생각하면 어떨까?

팬덤을 형성한 후 어떻게 하면 그 사람들에게 가치를 전할 수 있을까를 생각하면 된다.

경영의 신(神)이라고 불리는 파나소닉의 창업자 마쓰시타 고노스케가 언급한 '사원의 마음가짐'을 통해 그 해답을 찾을 수 있다.

마쓰시타 고노스케는 사원이란 자기 자신을 하나의 사업체로 생각하고 그를 경영하는 경영자이자, 자신의 생업에 대한 주인이라고 말했다.

이런 관점에서 상사와 부하를 거래처라고 생각하면 자사의 가치를 어떻게 전달할지 생각할 수 있다.

본서를 통해 "앞으로의 마케팅은 이렇게 할 것이다."라고 생각했더라도 전사적으로나 상사가 움직여주지 않으면 "역시 우리 회사는 안 돼."라며 멈추어 버리는 안타까운 상황이 될 것이다.

회사나 상사도 고객이라고 생각하고 어떻게 하면 가치를 인정받을 수 있을까를 생각해 보길 바라며 이것은 또 다른 기회라고 생각하면 좋겠다.

설령 이렇게 한다고 하더라도 전부 다 100% 바뀌는 것은 솔직히 어렵다. 조직이란 아무리 노력해도 10%~20%의 변하지 않는 사람들이 있다.

개인을 보지 않는 것이 중요하다. 조직 전체가 향상되면 그것으로 충분하다고 생각하자. 개인을 보면서 "오늘도 하나도 변하지 않았네."라고 하지 말고 전체를 보면서 "개개인이 열심히 움직이고 있다."라고 생각하자. 그걸로 충분하다.

조직의 20%가 변화하면 조직 전체가 급격하게 변하기 시작한다는 사실은 다양한 연구에 의해 검증되었다. 조직 전체가 변화하면 조직이 내는 성과도 급격히 증가한다.

조직 육성에 능한 어느 한 기업체의 대표로부터 조직을 이끌어 가기 위한 가장 큰 리더십이 무엇이냐고 물었더니 '인내'라고 대답했다. 필자가 생각하기에도 맞는 말이다. 좀처럼 변하지 않는 것에 초조하기도 하고 세세하게 지시하고 싶겠지만 인내해야 한다.

이게 바로 결정적인 갈림길이다.

코로나로 인해 한 치 앞도 내다볼 수 없는 시대에서 좀처럼 장기적으로 생각하고 판단한다는 것은 쉽지 않을 것이다. 그래도 인내한다. 인내한다면 20%의 갈림길이 찾아온다. 20%의 변화로 조직 전체가 변하고 그 이후에는 수월하게 조직 변화가 시작될 것이다.

02

자신의 가치를
높이기 위해서

자신을 바꾸기 위해서라도
'장소'에 녹아들자

"좀처럼 변하지 않는다."는 사실은 개인 역시 마찬가지다. 이 책을 읽고 "이것이야말로 가야 할 길이다."라고 생각만 하고 행동으로 옮기지 않으면 아무것도 시작되지 않는다.

이번에는 자기 자신을 '자기 해빙'하고 '변화'하는 방법에 대해 말하고자 한다. 그 방법 중의 하나가 아까도 언급한 "자리에 참석한다."라는 것이다.

앞의 이야기에서 주어를 바꿔 말하자면 먼저 '사례'이다. 동료가 만든 '사례'를 일단 보고 듣는다. 그리고 이미 실천하고 있는 사람이 있는 장소(온라인도 포함)에 가서 일단 있어 보자.

그냥 옆에 있기만 하면 된다. 자리의 힘은 독자 여러분이 생각하는 것보다 훨씬 강하다. 사람들은 스스로 의식하고 있는 것보다 훨씬 강한 영향을 받는다. 특히 실천하고 있는 사람이 있는 장소에 녹아드는 것이 중요하자. 주위에서 당연하게 이야기하고 있는 사물에 대한 새로운 견해, 생각, 실천의 사고 등이 귀에 들어오기 시작할 것이다.

이것이 당신을 자연스럽게 바꿔 주는 힘이 된다.

또한 앞서 언급한 "내 스스로도 이렇게 되고 싶다."고 생각하는 것은 자신이 되고 싶은 모습의 롤모델을 발견하는 일이기도 하다. 사람은 '되고 싶은 모습'이 명확해지면 자연스럽게 닮아가게 행동하게 된다. 그것 또한 당신에게 힘이 된다.

더욱이 동료의 존재는 코로나 시대와 같은 불안한 시국에는 더욱더 효과를 발휘한다. 장래가 불투명한 가운데에서 역시 사람은 부정적으로 생각하기 쉬워진다. 그러나 동료들이 모이는 자리가 항상 활기차고 밝다면 좋은 영향을 받는다. 좋은 방향으로 자연스럽게 스며들게 된다.

따라서 코로나 시대에서는 좋은 자리와 연결되는 것이 중요하다.

이해하기 쉬운 예를 들면 레스토랑 '반도'의 오너 쉐프는 긴급사태 선언 발표 후 수개월치의 예약이 한 번에 취소되었을 때 엄청나게 우울했다고 한다.

하지만 그 시기부터 시작된 저자의 [기대감에 두근두근! 마케팅 실천모임]에서 동료들과의 좋은 온라인 모임을 거듭하면서 다시 힘을 내기 시작했다고 했다.

사람들과 의견 및 여러 아이디어를 교환하면서 온라인으로 고급 도시락 판매라는 아이디어를 생각했다고 한다. 그 당시를 회상하면서 반도의 가게 주인은 혼자서라면 절대 할 수 없었던 거라고 이야기한다.

사람들과 교류할 수 있는 자리에 참가한다. 혹은 사내나 가까이에 그러한 장소를 만들고 찾아낸다. 이러한 만남은 당신의 기분을 북돋워 줄 뿐만 아니라 집단 지성의 힘으로부터 당신은 다양한 힌트를 얻을 수 있을 것이다.

사례는
당신의 연료가 된다

집단 지성은 단어 뜻 그대로 집단을 통해 나오는 지성을 말한다. 그 "조직에는 집단지성이 존재한다."라고 하려면 거기에는 3가지 필요 조건이 있다.

① *그 조직 내에 항상 많은 아이디어가 흐르고 있을 것*
② *그 조직 내에서 항상 아이디어가 검증 및 검토되어 공감대가 형성되어 있는 상태일 것*
③ *흐르고 있는 아이디어의 다양성이 있을 것*

위의 3가지 필요 조건은 매사추세츠공대(MIT) 알렉스 펜틀랜드 교수의 논리에 근거를 두고 있다.

여기서 말하는 아이디어가 좀 더 구체화되고 이야기로 전환된 것이 바로 사례다. 사례란 단순한 예시가 아니다. 사례란 아이디어가 구현돼 결과가 나온 것이다. 많은 사례를 아는 것은 곧 결과를 낳는 아이디어를 많이 아는 것이다.

사례를 스스로 적용해보고 결과를 도출하고 때로는 시행착오도 거듭하면서 스스로의 레벨(수준)을 높여 가는 것이 중요하다.

따라서 아이디어가 많이 흐르고 있는 집단 지성의 장으로 이어지는 것이 중요하다.

혼자서는 생각하거나 아이디어를 내는 데에 한계가 있다. 바야흐로 VUCA의 시대다. 지난해 구현되었던 아이디어가 올해에는 좋은 결과로 나오지 않을 수 있다. 때로는 코로나 같은 긴급 사태도 일어나기도 한다.

항상 활발하게 집단 지성이 나올 수 있는 장소로 연결하여 '사례'를 접하자. 이것이 바로 이런 시대에 혼자서 고민을 떠안고 힘들어하지 않기 위해서도 차근차근 자신의 가치를 올려가기 위해서도 아주 중요하다.

진짜를 간파하는 법

진짜를 만나는 것도 중요하다. 최근에 많은 사람들이 온라인 강연을 여는 것은 진짜를 만날 수 있는 좋은 기회이다.

온라인 상 화면 너머라지만 '진짜'를 만나는 것이 중요하고 만남 속에서 자기 해동도 이루어질 것이다. 이는 코로나가 가져온 몇 안 되는 좋은 효과일지도 모른다.

다만 여기에서 중요한 점은 "누구로부터 배우는가?"이다. 가장 간단한 대답은 바로 "그 사람이 무엇을 해 왔는가?"를 보는 것이다.

얼마나 성공을 거두었는지, 매출 1위를 달성했는지 등의 과거 실적을 보라는 것이 아니다. 물론 과거의 실적이 중요하지 않다는 이야기는 아니다, 하지만 본질은 "어떠한 생각을 지니고 일을 진행했는가?"에 있다. 자신만의 신조와 비전의 축적이다. 이렇게 쌓아올린 축적으로 이루어진 기반이 있었기 때문에 그 사람의 프로필로부터 무게와 깊이가 나온다. 이러한 사람이야말로 진짜에 가깝다.

'진짜'의 가치만큼 전달하지 못하고 있다면

진짜만큼 가치를 전하지 못하는 것은 상품이나 서비스에도 적용된다. [기대감 두근두근! 마케팅 실천모임] 회원 중에 타니모토 석재의 타니모토 마사카즈 씨라는 분이 있다. 그는 젊었을 때부터 석재 가공 기능을 연마했다. 결국에는 석재 가공 기능을 겨루는 전국 대회에서도 우승하고 최근에는 정부로부터 황수 포장(대한민국의 산업 포장에 해당함)을 수여받는 등 탁월한 기술을 가진 석공 장인이 되었다.

타니모토 씨의 말을 들어보면 그의 손길이 닿는 묘석과 석탑은 매우 복잡하고 주의깊은 과정을 거쳐 만들어진다는 것을 알 수 있다. 싼 가격의 상품과 비교한다면 그 '두께'가 다르다.

그는 자사 홈페이지에 이러한 가치를 본격적으로 홍보하여 전국의 많은 고객들로부터 응원을 받고 있다. 안타깝지만 타니모토 씨 같은 사람은 소수로 대부분은 주목을 받지 못하고 묻혀 버린다는 점이다. 그 자신도 처음부터 세상에 이렇게 널리 가치가 알려지지는 못했다. 세상에는 타니모토 씨와 똑같은 '두께'를 가지고 있지만 알려지지 않은 장인들이 너무 많다.

장인들이 만들어내는 진품일수록 오히려 제작에 바빠 그 가치를 전달하는 데 소홀해지는 경향이 있다. 그 결과 대중들은 광고 홍보를 잘하는 회사로 몰려 가 버린다. 참으로 안타까운 일이다.

한물간 고집스러운 장인의 세계처럼 좋은 것을 만들면 세상이 알아준다는 것은 이상론이고 상품과 정보가 넘쳐나는 시대에는 쉽지 않다.

212

홈페이지, SNS, 팸플릿 등 수단은 무엇이라도 상관 없다.

중요한 것은 자신이 취급하고 있는 것의 '두께'를 제대로 전달하고 있는지 자문해야 한다.

자기 스스로도
가치 있는 사람이 되자

'고객에게 가치를 제공'하기 위해서는 자기 스스로도 가치가 높은 존재여야 한다. 그러기 위해서는 항상 새로운 것을 배우고 의지를 보여주는 자세가 필요하다.

이것을 제대로 하지 않으면 그 누구에게도 가치를 제공할 수 없다. 필자는 독서가 자신의 가치를 높이는 데 있어서 굉장히 유익한 수단이라고 생각한다.

인터넷도 없었던 시절에는 정보를 알 수 있는 유일한 수단은 책밖에 없었다. 예전에 신칸센을 타면 거의 모든 사람이 책이나 잡지, 신문을 보고 있었다. 하지만 IT 환경이 갖추어진 지금 신칸센을 타면 거의 모든 사람들이 스마트폰을 보고 있거나 자고 있거나 둘 중의 하나이다. 책을 읽는 사람은 적어지고 오히려 "시대에 뒤떨어졌다."는 등의 이야기도 듣는다. 오히려 가치의 비중에서는 커진 셈이다.

원래 대체적으로 책이라고 하는 것은 SNS처럼 휘발성이 강한 느낌의 글이 아니다. 저자를 비롯해 많은 사람이 관여하여 다듬어지고 편집된 정보와 지식의 집합체이다. 그렇기 때문에 책을 읽는 사람이 적으면 적을수록 희소성이 생긴다.

시중에 떠도는 인터넷 뉴스에 대해 얘기하는 것보다 책에 있는 사람들이나 아는 이야기를 화제로 삼는 편이 상대방으로부터 존경을 받을 수 있을 것이다.

또한 가장 필요한 것은 '행동'이다. 그런 의미에서 책을 구매한 바로 이 시점부터 이미 행동이 일어난 것이고 세미나를 신청하는 것도 행동에 나선 것이다.

행동하지 못하는 자신을 부정하기보다 한 발자국이라도 행동할 수 있다면 긍정적으로 생각하는 것이 중요하다. 행동 그 자체를 인정하고 자신을 위로하는 것도 중요하다.

지식을 행동으로 옮기지 않으면 의미가 없다

마지막으로 필자가 당부하고 싶은 말은 지식은 지식 그 자체로 끝내면 안 된다는 것이다. 지식을 갖고 있어도 실천 및 적용을 하지 않으면 아무런 의미가 없다. 지식 그 자체가 중요한 것이 아니다. 언제든지 활용할 수 있는 지식으로 승화시켜야 한다.

자전거의 작동 원리를 아무리 머릿속으로 생각하고 배워도 자전거를 탈 수 없는 것처럼 말이다. 자전거를 타려면 수십 번 반복적으로 연습을 통해 넘어지는 실패도 경험하면서 요령을 터득해야 한다. 나중에는 머릿속으로 시뮬레이션하지 않아도 자전거를 탈 수 있게 된다.

비즈니스도 이와 같다. 책을 읽고 배운 지식을 지식 그 자체로 두어서는 아무도 일도 일어나지 않는다. 시행착오를 반복하면서 꼭 '행동'으로 승화해주기 바란다.

03

비즈니스를 위해 연마해야 할
4가지 감성이란?

비즈니스에 있어서
왜 '감성'이 중요한가?

비즈니스가 '사람'에 의해서 이루어지고 요즘 사람들은 '마음의 풍요로움'을 원하기 때문에 중요한 것은 감성이다.

"비즈니스에 감성이라는 애매한 요소는 필요없다."고 생각하는 사람도 있을지 모른다. 하지만 고객이 어떻게 상품을 선택할지 잘 생각해보자

216

고객들은 순수하게 가성비만을 구매한다는 사실은 별개로 하더라도 기본적으로는 마음에 든다는 '감성'의 요소로 선택을 한다.

또한 필자가 오랫동안 이사직을 역임하고 있는 일본 감성 공학회(日本感性工學會)의 연구 결과에 따르면 감성은 '뇌의 고차원적 기능'이다. 간단하게 헤아릴 수 없는 애매모호한 것이나 복잡한 것을 다루는 기능을 담당하고 있다.

그렇다면 VUCA의 시대*를 맞아, 당연히 비즈니스를 하는 모든 이들은 '감성'을 단련시켜야 한다.

오늘날 비즈니스에 필요한 '감성'을 기르기 위해서 필자는 다음의 4가지 관점을 중요하게 생각하고 있다.

① 부분이 아니라 시스템 전체를 보자
② 인과 관계 전체를 보는 것이 중요하다
③ 패턴을 파악해 모델화해라
④ 메타 레벨과 베타 레벨을 자유자재로 넘나들자

---

* '뷰카(VUCA)'란 변동성(Volatile)과 불확실성(Uncertainty), 복잡성(Complexity), 모호성(Ambiguity)의 머리글자를 조합한 신조어로, 불확실한 미래를 뜻한다.

부분이 아니라
시스템 전체를 보자

마케팅 관련 비즈니스 서적과 회사들의 성공 사례를 읽은 사람들이 저지르기 쉬운 오류가 있다. 바로 "시스템의 일부만 보고, 그것을 그대로 따라한다."라는 것이다.

어느 가게에서 LINE 앱 마케팅을 실시해서 고객들로부터 큰 반응을 얻었다는 사례를 들으면 "그래, LINE을 사용하면 다 되는 거야!"라고 단편적으로 생각하는 것이다.

LINE 앱 마케팅은 팬덤을 만들기 위한 하나의 수단에 불과하다. 팬덤을 만들기 위한 구조(시스템)의 일부로서 SNS를 활용하는 방법이 있는 것이다. 만약 SNS를 활용한 방법 앞에 팬덤을 만드는 다른 방법이나 구조(시스템)가 없으면 아무리 SNS에서 반향을 불러일으켜도 비즈니스가 되지 않는다.

비즈니스라고 하는 것을 시스템이라고 파악하면 여러 가지 방법이 보일 것이다. 또한 이는 비즈니스가 시스템인 이상 어떤 성공 사례의 성공 요인을 모두 모방할 수 있다면 똑같은 성과를 낼 수 있다라는 것이다.

애니메이션 「귀멸의 칼날」의 성공 요인을 모두 모방하면 똑같이 안타를 칠 수 있다는 뜻이다. 하지만 현실적으로는 성공 요인을 하나도 빠짐없이 모방하기란 쉽지 않다. 그러나 그중 절반이라도 아니면 한 가지, 두 가지라도 따라한다면 그만한 결과가 나오는 것도 사실이다.

세상의 성공 사례에 대해 자신의 비즈니스 규모와 달라서라든지 업종이 동일하지 않아서라며 아예 거리를 두며 꺼리는 사람이 많다. 그러나 '비즈니스는 곧 시스템'이라는 발상 아래 전체를 보는 습관을 익힌다면 모든 사례가 배움의 보물상자(보고)가 된다.

인과 관계 전체를 보는 것이 중요하다

다음으로 인과 관계 전체를 보는 감성이다.

보통 사람들은 "A라는 원인 때문에 B라는 결과가 일어났다," 라고 단편적으로 쉽게 생각한다.

"가격이 싸서 팔렸다.", "디자인이 좋아서 팔렸다." 등이 단편적으로 쉽게 생각한 예이다. 그러나 앞서 말했듯이 현대는 원인과 결과의 관계가 매우 복잡해졌다.

단 하나의 원인에 의해 결과가 결정되는 경우는 거의 없다. 가격과 디자인은 한 가지의 원인일지 몰라도 전부는 아니다. 인과 전체를 본다는 것은 그런 것이다.

필자가 잘 알고 있는 음식점 주인이 길가에 오픈 카운터의 느낌으로 가게를 오픈했다. 그러자 그 가게는 곧 큰 인기를 얻어 가게에 들어가지 못하는 손님들을 위해 서서 먹을 수 있는 공간을 만드는 등 항상 사람들로 넘치는 상태가 되었다.

몇 년 지나자마자 주위에 똑같은 오픈 카운터 느낌의 가게가 차례로 들어오기 시작했다. 하지만 이곳의 인기를 결정하는 것은 오픈 카운터 느낌뿐만 아닌 여러 가지 원인이 있었다.

지인의 가게는 계속 번창했지만 다른 가게들은 신세를 한탄하는 처지가 되고 말았다. "저 가게는 오픈 카운터 느낌의 가게라서 인기가 있겠지."라며 단편적으로 생각해 버린 게 문제였다.

상품 개발도 마찬가지이다. 오늘날 큰 인기를 얻은 히트 상품은 한 가지만의 원인이 아니라 복잡하게 결합된 여러 가지 원인과 결과에 의해 인기를 얻게 된 것이다.

이 사실을 모른다면 그 원인 중 하나만 흉내내는 것으로 끝나게 된다. 애니메이션 「귀멸의 칼날」이 큰 인기를 끌었기 때문에

"우리도 「귀멸의 칼날」과 유사한 시대를 배경으로 한 콘텐츠를 만들자."라는 발상과 똑같지 않을까? 물론 이렇게 해서 큰 인기를 끌면 문제는 없다.

반대로 광고 전단지를 돌렸는데 사람들의 반응이 나빴다고 광고 전단지는 쓸모없다고 극단적으로 생각하는 것도 단편적이다. 광고 전단지의 메시지가 나빴을 수도 광고 전단지를 나눠주는 타이밍의 문제였을 수도 있다. 혹은 상품과 광고 전단지를 돌리는 장소가 맞지 않아서였을지도 모른다.

성공도 실패도 단순히 하나의 인과에 의해 결정되지는 않는다.

필자가 권장하는 방법은 바로 인과 관계의 연쇄성을 종이에 써 보는 것이다.

여러분이 어느 가게의 주인이라면 하루의 매출은 어떠한 인과에 의해 나오는지를 써보자. 만약에 하루의 매출이 고객 수, 객단가, 종업원의 서비스 수준이라고 분류된다면 이번에는 고객 수는 어떤 인과에 의해서 정해지는지를 써보자.

고객 수가 가게에 대한 인지도와 방문 빈도수라는 요소로 이루어져 있다고 생각해보자. 그렇다면 방문 빈도수는 어떠한 인과에 의해서 정해지는 것일까….

이렇게 생각해보면 어떤 요소가 무엇에 영향을 주고 있는지 알 수 있고 앞으로 써야 할 대책과 방법도 찾을 수 있을 것이다.

패턴을 파악하여
모델화하자

세 번째는 "패턴을 파악해 모델화하자."는 것이다.

어느 현상을 보고 보편적인 패턴을 찾아내는 능력 그리고 그 것을 모델화하는 능력이다. 이 능력만 있으면 어떤 경험도 배움으로 바꿀 수 있다.

필자의 강연회 때 "패턴을 파악해 모델화한다."는 말을 들은 사람들이 "오늘 이야기 너무 재미있었는데 업종이 다르니 우리 가게에서는 할 수 없다."라는 식의 반응이 많다. 이것이 바로 모델화가 안 되고 있다는 것이다.

어떤 사례라도 그 내부에 있는 보편적인 요소를 파악하면 자사의 비즈니스에 응용할 수 있는 것이 반드시 있다.

그 이유는 결국 사업에서 일어나는 일은 대부분 사람의 행동에 의해 생겨난 것이기 때문이다. 따라서 대기업이든 중소기업이든 단 몇 명으로 이루어진 가게든 똑같은 일이 일어날 수 있다. 그래서 모든 사례가 배움이 된다.

이 능력을 연마하는 방법으로는 '차이점 찾기' 훈련이 있다. 예를 들면 당신이 수십 점포를 관리하는 체인점의 매니저였다고 하자. 각 점포의 매출을 살피는데 A라는 가게에서 B라고 하는 상품이 다른 가게보다 2배 이상씩 팔리고 있는 차이점을 발견했다면 그것은 찬스이다. 반드시 어떤 원인이 있기 때문이다. 그것을 분석해 모델화 시켜서 다른 가게에도 적용해서 넓히는 것으로 전 점포의 매출을 늘릴 수 있다.

메타 레벨과 베타 레벨을 자유자재로 넘나들자

마지막은 "메타 레벨과 베타 레벨을 자유자재로 넘나들자." 이다.

메타란 '고차원의', '초(超)'라고 하는 의미로, 눈앞에서 일어나고 있는 것을 위에서 내려다본다는 이미지다.

반면 베타는 그 반대로 현장 수준의 시점을 가리킨다. 이른바

'진부한 소재'라고 할 때 사용되는 '베타*'이다.

'메타 레벨과 베타 레벨'이란, 영어와 일본어가 섞인 이상한 말이지만, 이것은 전 규슈 대학 교수 사카구치 코이치 씨가 만든 용어이다. 이전에, 나를 "메타 레벨과 베타 레벨을 자유롭게 왕래하고 있는 분이군요."라고 평가했던 적이 있어, 멋진 말이라고 생각해 사용하게 하고 있다.

어느 사상이 눈앞에 나타났을 때, 우선은 베타 레벨로 그것을 관찰하고, 다음에 메타 레벨로 조망해 살펴본다. 그리고 다시 베타 레벨로 돌아가 본다. 이런 버릇을 들였으면 좋겠다.

메타 레벨이란, 조금 전에 말한 "시스템 전체를 본다."라고 하는 것에 가깝다.

그러나 시스템 전체를 설계해 봐야 성과가 나올 리 없다. 거기서 '베타 레벨'로 내려가 실천을 실시한다. 그것은 예를 들어 상품의 가치를 전달하기 위한 홍보를 하는 것이거나 고객에 대해 어떤 접근을 하는 것이기도 하다.

그리고 그 행동을 했다면 이번에는 그것을 되돌아본다.

흔히 PDCA(plan, do, check, action)를 돌린다고 하는데 나는 여기

서 PDSA를 돌린다고 하는 말을 많이 사용한다.

S란 study의 약자로, C(체크, 검증)에 머무르지 않고, 그것을 다음에 어떻게 살릴지의 '학습'한다는 의미이다.

이상, 네 개의 시점을 일상에서 의식해 보길 바란다. 그것이 오늘의 비즈니스에서 필요한 감성을 연마하는 지름길이 될 것이다.

CHAPTER 6

애프터 코로나 시대에 필요한 것

「고객 소멸 시대의 마케팅」은
코로나 이후에야말로 필요하다

　지금까지 「고객 소멸 시대」에 자신의 비즈니스를 지키기 위해 필요한 마케팅을 위한 사고 방식과 방법론 그리고 이를 실천하기 위한 조직 및 자신의 변화 방법에 대해 알아봤다.

　핵심 포인트만 정리하자면 다음과 같다.
　유동형(Flow)에서 비축형(Stock)으로 비즈니스를 바꾼다.
　'팬덤'을 만들고 키운다.
　감성과 가치로 시장을 만든다.

　위에서 언급한 핵심 포인트가 코로나 사태에서만 필요한 것은 아니다. 오히려 이른바 애프터 코로나 시대야말로 더 필요한 핵심이다.

그렇다면 애프터 코로나 시대란 어떤 모습일까? 비즈니스 세계를 중심으로 간단하게 살펴보기로 하자.

앞으로 더욱 현실화될 세 가지 미래

인류는 그동안 각종 전염병을 이겨냈다. 2021년 연초부터 다양한 코로나 백신의 개발이 진행되고 있고 곧 백신 접종이 시작될 예정이다. 코로나 바이러스가 세계에 퍼진 지 약 1년 만에 백신 개발까지 왔으니 인류의 위대함을 다시 한 번 더 느낄 수 있었다.

그렇다면 백신이 보급되어 인류가 코로나의 공포로부터 벗어날 수 있으면 세계는 다시 원래대로 돌아갈까? 그것은 아니다. 앞서 말한 것처럼 지금 일어나고 있는 일의 대부분은 미래에 일어날 예고편이다.

재택 근무에 익숙해진 사람이 다시 매일 같은 시간에 출퇴근을 하게 될 것 같지는 않다.

사람들의 이동은 어느 정도 가능할지 모르지만 모든 행동이 예전으로 돌아가는 것은 아니다.

이커머스 사이트의 편리함에 익숙해져 버린 사람이 일상용품을 오프라인 슈퍼에서 사리라고는 생각할 수 없다.

코로나 바이러스에 대한 걱정이 사라져도 사람들은 더 이상 불필요한 접촉이나 사람들로 밀집한 곳을 피할 것이다.

반면 정말 필요한 장소에는 사람들이 몰릴 것이다.

앞으로의 비즈니스는 '새로운 사회의 모습'을 기반으로 조직되어야 할 필요가 있다. 추가적으로 원래부터 진행되고 있었던 변화가 앞으로는 더욱 더 빨라질 것이다.

사실 필자는 2012년에 출판된 저서 『'마음의 시대'에 물건을 파는 방법』에 앞으로의 비즈니스는 이렇게 바뀔 것이라고 하는 3가지 움직임에 대해 소개한 적이 있다.

그로부터 8년 후 코로나 사태라는 예기치 못한 사건이 일어났지만 이 3가지 움직임은 변하지 않았고 오히려 코로나로 인해 더 빨리 다가오게 되었다.

뒤이어 여러분들에게 이 3가지 움직임을 말하고자 한다.

업종 분류는 소멸한다

첫 번째 "업종 분류는 소멸한다."는 것이다.

이를테면 미용실이면 미용실, 서점이면 서점이라는 업종 분류가 애매해진다. 이 변화는 필연적이다. 고객은 물건을 사는 것으로 '마음이 풍요로워지는' 체험을 하기를 원하고 있다. 반대로 말하면 음식이든 물건이든 무엇인지 상관없이 마음을 풍요롭게 해준다면 물건의 장르는 무엇이든 좋다.

이 움직임은 분명히 빨라지고 있다. 빌리지 뱅가드 서점이 좋은 예일 것이다.

'빌리지 뱅가드'와 같은 다양한 상품을 파는 서점은 매우 드물었지만 지금은 서점에서 다양한 물건을 파는 것이 당연하게 되었고, 서점 안에 카페가 있는 서점이 증가하고 있다.

"카페인지, 잡화점인지 알 수 없는 서점"의 시대이다.

이 책에서 몇 번이나 언급된 바 키스(Bar Keith)에서는 지금 액세서리를 판매하는 실험을 실시하고 있다고 한다. 한 작가의 액세서리를 판매했더니 한 달에 약 10만 엔의 매출을 올렸다고 한다. 이것만으로 대단한 일이지만 가게의 오너는 향후, 바 키스

(Bar Keith)를 위스키를 즐기면서 액세서리를 고르는 장소로 바꾸는 것과 동시에 고객의 집에서 자고 있는 액세서리나 반지의 리메이크나 수리도 접수하는 아이디어를 생각하고 있다고 한다.

그리고 이번 대처를 계기로 한층 더 다른 장르의 새로운 서비스 제공을 생각하고 있다고 한다. 이렇게 하면 더 이상 단순히 술만 파는 바가 아니게 된다.

이 "업종 분류는 소멸한다."라고 하는 시대적 흐름은 대기업도 피해갈 수 없다. 그 좋은 예는 소니다.

과거에는 PC나 가전을 만드는 '제조업'이었지만 현재의 소니의 수익은 영화나 게임 배급 등의 비율이 높아지고 있어 더 이상 '제조업'의 틀로 묶을 수 없게 되었다.

모르는 분들이 많겠지만 「귀멸의 칼날」을 프로듀싱한 애니플렉스도 소니그룹이다.

또한 후지 필름의 매출액에서 필름의 비율은 극히 미미한 반면 의약품이나 화장품 등도 다루고 있다. 이런 기업을 '○○업'이라는 틀로 묶으려는 것 자체가 넌센스다.

그리고 필자는 건강한 기업일수록 이러한 틀에 묶이지 않고 비즈니스를 하는 경향이 있다고 생각한다. 코로나 사태에도 소니와 후지필름은 비즈니스의 호조를 유지하고 있다.

오히려 예전대로 '○○업'으로 분류된 기업들이 일제히 고전을 면치 못하는 듯한 느낌이다.

지금부터 자신이 무엇을 고객에게 제공할 것인가를 생각하는 데 있어서는 '자신의 지금 업종'에 묶이지 않고 자유롭게 발상하기를 바란다. 그것이 앞으로의 시대를 살아가는 열쇠가 될 것이다.

기존의 많은 비즈니스가 '교육 산업'으로 변해가고 있다

우리가 알고 있는 기존의 많은 비즈니스가 '교육 산업'으로 변해가고 있다는 사실이 중요한 포인트이다.

독자 여러분들은 이 의미에 대해서 어떻게 생각하고 있을까?

예를 들어 "와인 바가 와인과 관련된 클래스를 열어 와인의 가치를 전하는 동시에 수강료를 받는다." 이런 이미지일까?

물론 위와 같은 경우도 있다. 그러나 여기서 말하고 싶은 것은 더 본질적이고 더 단순한 것이다.

와인 클래스를 개최할 정도의 와인 바라면 원래부터 와인에 대해 잘 알고 있고 어느 와인이 어떤 요리와 잘 맞을지도 알고 있지 않을까? 요리에 대해서도 잘 알고 있다면, 이 시기에 제철이 무엇이고, 시기에 맞는 제철 요리를 먹으려면 어느 와인이랑 함께 곁들이면 좋을지 알 수 있을 것이다.

이 프로세스대로 고객에게 지식을 가르치고 전파하는 것이 여기에서 언급하는 교육 산업의 본질이다.

그 결과 제철 음식에 맞춰서 매달 일정하게 와인을 마시는 고객이 늘어나면 이게 곧 수강료를 받는 것과 같은 의미이다. 결과적으로 매월 일정한 가격으로 제철의 식재료와 와인을 고객에게 제공한다면 한층 더 수강료의 느낌이 나지 않을까?

현재 대세인 '구독형 모델'의 근본은 '정액제. 지속적인 과금 체계'이다.

위에서 언급한 교육 산업의 예는 '구독형 모델'이라고도 할 수 있다.

앞에서 소개한 먼저 사례를 소개한 세탁 클리닝 서비스 '실크'를 다시 살펴보자.

실크 매장에는 누룩 음료*와 전통차, 각종 잡화 등 우리가 알고 있던 세탁소답지 않은 물건들이 많이 진열돼 있다.

우선 이 세탁소의 점주 이시이 씨는 '클리닝 마스터'이다. 손님이 세탁물을 맡기려고 옷을 가져오면 '집에서 세탁할 수 있는 세탁물'의 경우에는 고객에게 집에서 세탁할 수 있는 세탁 방법까지 자세하게 알려주고 다시 돌려준다. 세탁소에 맡긴 옷에 얼룩 등이 있으면 사진으로 찍고 고객이 찾으러 왔을 때 말하고 돌려주기도 한다.

때로는 가정 세탁 교실도 연다. 이시이 씨는 원래 전문적인 기술 교육을 받은 세탁사**이다. 그는 사명감을 지니고 '옷을 깨끗이 관리하는 법'을 사람들에게 지식을 전달하고 있는 것이다.

그런데 그의 가게에는 왜 누룩 음료와 전통차가 비치되어 있을까? 그는 고객들에게 또 다른 지식을 전하고 싶기 때문이다. 그는 30세 무렵에 궤양성 대장염으로 투병한 적이 있어서 발효 식품이 장 건강에 도움이 되는 것을 잘 알고 있다. 그는 그의 이러한 경험을 손님들에게도 전하는 것이다. 그는 최근에 한의학

---

* 옛날 나라 시대부터 일본인이 마셔온 쌀로 만든 전통적인 달콤한 음료이다. 사실 일본 각 지역에 따라 만드는 방법이 다른 것도 특징이다. 술지게미와 설탕을 녹여서 만드는 지역, 쌀누룩을 당화시켜서 만드는 지역도 있다.
** 일본에는 세탁 자격증이 있는데, 이를 딴 사람을 세탁사라고 한다.

도 배웠다.

그에게 있어서 '깨끗하게 하는 것'은 의류뿐만이 아니다. 그리고 이렇게 신뢰 관계로 맺어진 고객은 이시이 씨의 소리에 귀를 기울여 자신의 생활에 적용해보기도 한다. 세탁소 '실크'의 사례를 통해서 알 수 있듯이 본질은 '교육 산업'이다.

사교 클럽의 성장

마지막으로 사교 클럽이 성장한다. 사교 클럽은 사람과 사람이 모이는 장소이다. 향후 특히 가게는 물건을 사기 위한 장소가 아니고 사람들이 사교, 교류하는 장소로 변해간다.

고객은 가게와 혹은 그 가게에 모이는 사람과 교류하기 위해 가게를 찾게 된다. 이렇게 되면 가게에는 상품조차 두지 않아도 된다.

예를 들어, 자동차 대리점 등이 '전시 차량이 없는 쇼룸'을 만들고 있는 것도 대표적인 예다. 이제 점점 가게는 '커뮤니티로서의 장소'로 그 형태를 바꿔갈 것이다.

앞서 세탁소 '실크'에는 멋진 정원이 있고 카페처럼 의자와 테이블도 갖춰져 있어서 고객들이 실크에서 모여서 담소를 나누는 커뮤니티로서의 장소 역할을 한다.

그런 장면은 우리 모임 다른 회원사 곳곳에서 볼 수 있다.

가게 주인 이시이 씨가 말하기를 예전에 세탁소를 운영하고 있던 지인으로부터 여기 왜 마당이 있느냐, 이 마당은 주차장으로 하는 게 더 좋겠다, 왜 간판도 팻말도 없느냐, '와이셔츠○○엔'이라는 전광판을 세우는 게 좋지 않으냐는 등 이시이 씨의 생각과 정반대의 잔소리를 많이 들었다고 한다. 하지만, 여기는 사교 클럽이다.

앞서 말한 것처럼 온라인 사교 클럽도 한층 더 활발해질 것이다. 또한 기업체들이 온라인상에서 고객과 연결하고자하는 움직임도 더욱 가속화 될 것이다.

그리고 사람은 역시나 직접 오프라인에서의 만남을 바란다. '위드 코로나 시대'에는 오프라인과 온라인을 병행한 사교 클럽을 만들어 가는 것이 점점 중요해질 것이다.

팩트 체크는
많은 정보를 모은 후에

위에서 설명한 내용을 포함하여 향후 미래에는 많은 변화가 찾아온다. 모든 비즈니스인들은 정보를 정확하게 판단해 대응 방법을 생각해야 한다.

대응 방법을 마련할 때 꼭 의식해야 할 것은 "보다 많은 판단 재료를 수집한다."이다. 판단할 수 있는 재료가 잘못되면 옳은 판단이 나올 수 없다. 잘못된 판단으로는 좋은 결과를 낼 수 없다. 또한 잘못된 판단에 대한 분석을 하려고 해도 판단 재료가 잘못되어 있기 때문에 정확한 분석도 할 수 없는 빠져 나올 수 없는 (디플레적) 악순환에 빠지게 된다.

지금처럼 변화가 빠르고 다양한 VUCA의 시대에는 판단 오류로 인해 보내는 몇 달이 엄청난 치명적인 결과를 초래한다.

물론 절대적으로 올바른 정보가 없을지도 모른다. 하지만 가능하다면 정보는 많은 편이 좋고 정보가 나올 수 있는 채널은 다양한 것이 좋다.

그리고 많은 정보를 수집하는 동시에 제외시켜서는 안되는 것은 바로 팩트 체크다. 그 정보는 누가 말했는지, 출처가 어디인지, 본인이 얻은 1차 정보인지, 다른 사람에게서 들은 이야기를 그럴듯하게 꾸며서 말하는 것인지. 그리고 장황한 말뿐인지 픽션도 아닌 정말 현실 사회 속에서 결과를 낸 뒤 말하고 있는지 등을 파악해야 한다.

한 치 앞도 보이지 않는 시대. 비즈니스를 통해 선사하는 '기쁨'

코로나가 종식되려면 아직은 멀었다. 백신 접종이 완료되어도 언젠가 또 다시 새로운 감염병이 세계를 뒤덮을지 장담할 수 없다.

장래가 불투명한 시대이기 때문에 모든 비즈니스인들에게 당부하고 싶은 말이 있다. 그것은 바로 '비즈니스로 밝은 사회를 만들고 유지'하자는 것이다. 필자의 [기대감 두근두근! 마케팅 실천모임] 회원사 중에는 코로나 긴급사태 선언 직후 고객과 커뮤니케이션을 하는데 있어서 "평소처럼 즐겁게 대화를 하게 되면 고객한테 혼나지 않을까?"라고 머뭇거리는 사람이 몇 명이나 있었다.

하지만 막상 평소처럼 고객과 대화를 하다보니 고객으로부터 "덕분에 힘이 생겼어요. 고마워요."라는 반응이 대부분이었다고 한다. TV를 틀면 뉴스에서는 코로나와 관련된 소식이 매일 흘러나오고 친한 사람들도 마음 놓고 편안하게 만날 수 없고 불안감만 커지고 있는 상황 속에서 밝은 메시지가 고객들의 마음을 움직인 것이다.

독자 여러분들도 어떻게 하면 자신의 상품이나 서비스로 "사람들에게 밝고 긍정적인 에너지를 줄 수 있을까?"를 꼭 생각해 보길 바란다.

이와 관련된 아이치현(愛知県)에 있는 포목점의 좋은 사례를 소개하고자 한다. 포목점 '기모노 와라쿠 카네소(かね宗)'에서는 매년 졸업식용으로 하카마(일본식 전통 복식) 렌탈 비즈니스를 하고 있다.

그러나 코로나로 인해 2020년 봄 일제히 졸업식이 중단되면서 학생들은 졸업식 때 하카마를 입을 기회가 없어져 버렸다.

3대째 가게를 운영하고 있는 이시카와 마사야스 씨는 전액 환불이나 할인 서비스 상품권 등을 생각했다. 그러나 모처럼 졸업식 기회를 잃어버린 학생들의 실망은 클테니 전액 환불이나 할인 서비스로는 부족하다고 생각하였다.

이시카와 씨가 생각해낸 것은 바로 매장에서 가족 모두 하카마를 입고 '가상 졸업식'을 한다는 아이디어였다. '가족과 함께 졸업식♪'이라는 이름으로 가게에서는 따로 제작한 졸업장을 준비해 기념 떡을 선물하고 근처의 사진관에서 사진 촬영을 지원하기도 했다.

그 결과 무료로 예약 취소를 받고 있었는데도 예약 70건 중 취소는 단 2건에 불과했다고 한다.

불안이 많은 세상이기 때문에 비즈니스를 통해 사람들에게 행복한 기분을 어떻게 제공할 것인가?

이것이야말로 앞으로의 비즈니스인에게 요구되는 발상이 아닐까?

목표는 '고객이 망하지 않게 하는 회사'

일본 사가현(佐賀県) 도스시(鳥栖市)에 '타코히메(たこ姫)'라는 타코야키 가게가 있다. "많은 사람과 즐거운 일을 하고 싶다."라는 모토를 갖고 강력한 팬덤을 만들고 있는 가게다.

최근 몇 년간 사가현(佐賀県) 도스시(鳥栖市)는 매년 수해로 고생을 하고 있다. 타코히메도 2018년 7월 그리고 2019년 7월과 8월 무려 2개월 연속 가게가 물에 잠기는 피해를 겪었다. 마키세 토시하루 주인은 솔직한 심정으로 너무 많이 힘들었다고 한다.

하지만 그때마다 점포의 팬 고객들이 자원 봉사로 복구를 도와주러 와서 단기간에 가게 운영을 복귀할 수 있었다. 게다가 수해가 거듭될수록 팬 고객들의 자원 봉사 스킬이 늘어 2번째 재해 때에는 5일이 걸리고 3번째 때에는 무려 3일만에 가게를 다시 운영할 수 있도록 복구되었다고 한다.

게다가 사용할 수 없게 되어 버린 업무용 냉장고 구입을 빨리 될 수 있도록 가게의 팬이었던 거래업자가 도와줬다고 한다. "타코히메 가게가 망하면 안 된다."며 팬 고객들이 자발적인 모금 활동도 많이 진행했다고 한다.

일본 이바라키현(茨城県) '로코레디(Roco Lady)'라는 이름의 부티크 체인이 있다. 로코레디(Roco Lady)도 2015년 '조소시(常総市) 수해'로 가게가 물에 잠겼다. 언제나 활력 있는 하토미 츠미아키 사장도 어디부터 복구를 할지 어찌할 바를 모르고 있었다. 이 와중에 시청 공무원들이 가게를 방문하였다. 시청 공무원들이 가게에 오자마자 "이곳으로 자원봉사자들을 우선적으로 파견할 테니 하루빨리 가게 문을 다시 열어주셨으면 좋겠다."라고 말했다.

하토미 씨는 "부티크처럼 급하지 않은 곳보다 슈퍼마켓 등을 우선적으로 도와주는 것이 좋지 않을까요?"라고 반문하자 그들은 "로코레디(Roco Lady)는 단순 양복점이 아니라 동네의 랜드마크입니다."라고 대답했다고 한다.

며칠 후에 가게가 복구되어 가게 문이 열리는 순간 마을의 많은 사람들이 모여 박수를 쳐주면서 격려를 해주었다고 한다. 이 가게는 온 동네가 팬덤이다.

타코히메와 로코레디(Roco Lady)는 애프터 코로나 시대의 비즈니스 이상형을 보여준다고 생각한다. 즉 진정으로 가치가 있는 회사는 고객이 가게를 망하게 하지 않는다.

여러분 또한 이러한 존재가 되기에 충분하다.

'필요하지도 않고 급하지도 않은' 하지만 '중요한 것'

2020년 12월 26일자 일간지 아사히 신문에 교토대학교 명예교

수 사에키 히로시 씨가 한 해를 되돌아보며 기고한 글이 실렸다.

그는 2020년에 한 해 동안 일본에서 자주 사용된 말 '불요불급(不要不急)'의 반대어인 '필요화급(必要火急)'에 대해 논하는 가운데 다음과 같이 말했다.

"이번 코로나 사태로 사람들은 '필요한 것'과 '필요하지도 않은 것' 사이에 '중요한 것'이 있다는 것을 알았다."

그는 '소중한 것'은 곧 '믿을 수 있는 인간 관계, 안심할 수 있는 장소, 우리가 살고 있는 지역의 생활 공간, 익숙한 단골 가게, 의료 체제, 대중 교통, 좋은 책과 음악, 치안이 좋은 거리, 사 계절의 풍경, 맑은 공기, 소중한 추억'이라고 말했다.

2020년 [기대감에 두근두근! 마케팅 실천모임] 현장에는 위에서 말한 '소중한 것'이 존재했다. 2020년 3월 이후 업종 및 B2B, B2C 비즈니스를 불문하고 공통적으로 나타난 것은 '불요불급(不要不急)'한 비즈니스를 하고 있는 대다수의 '두근두근형' 점포나 회사가 소비자로부터 강력한 지지를 받고 있는 모습이었다.

사람들이 상품이나 서비스를 구매하고 가게에 방문하는 것은 꼭 '필요화급(必要火急)'에 의해서만은 아니다. 사람들이 구매를 하고 방문을 하는 이유는 사람으로서 더 잘 살기 위한 에너지를 얻기 위해서이다. 그리고 사는 것이 결코 쉽지 않은 이 사회에서 '살아가고 있는 에너지'를 사람들에게 느끼게 해주는 모든 사람과 기업은 사람들로부터 깊은 감사를 받을 것이며 비즈니스에 있어서 혜택도 받을 것이다.

2020년은 사람들이 '소중한 것'을 깨닫게 되는 한 해였다고 사에키 히로시 씨가 말했다.

이러한 깨달음은 일시적인 것이 아니기에 이전으로 돌아가지 않는다. 코로나가 데리고 온 것은 미래였기 때문이다. 그러므로 당신의 앞날은 좋아질 것이다. 새로운 사회에 소중한 것이 무엇인지 분명해지는 길이 열렸기 때문이다.

그 이후에는 이 길을 함께 걸어가고 있는 많은 동료들의 숨결을 느끼면서 당신도 이 길을 걸어가면 된다.

또한 이 자리를 빌려서 감사의 말을 전하고자 한다.

본서는 [기대감에 두근두근! 마케팅 실천모임] 회원 기업들의 매일의 배움과 실천에 의해 완성되었다. 본서에서 소개된 많은 분들을 비롯해 본서에 나온 마케팅 이론을 실천하고 있는 분들에게 경의를 표하고 감사의 말씀을 드리고 싶다.

본서가 세상에 나오기 전까지 많은 도움을 주신 PHP 연구소의 요시무라 씨를 비롯해 모든 분들에게 감사의 말씀을 드린다.

본서 또한 감성의 연결 속에서 만들어진 것이다.

참고사이트

- 조조타운 https://www.edaily.co.kr/news/read?newsId=013
  05446629044656&mediaCodeNo=257&OutLnkChk=Y

- Go To 캠페인(일본어: Go To キャンペーン) 日本放送協会. "「強
  盗 キャンペーン」8月から実施へ 国交相 新型コロナ対策".
  《NHK 뉴스》

- 일본 휴지 사재기 https://www.donga.com/news/article/
  all/20110523/ 37444169/1

- 오미 상인 http://monthly.chosun.com/client/news/viw.asp?
  nNewsNumb=200810100076

- 뷰카 출처 연합인포맥스(http://news.einfomax.co.kr)

고객 소멸 시대 마케팅
어떻게 할 것인가

초판 1쇄 인쇄 2022년 1월 5일
초판 1쇄 발행 2022년 1월 12일

지은이 고사카 유지
옮긴이 강지원
펴낸이 송준기
책임편집 김희정
편집 윤소연, 양지원
마케팅 총괄 임동건
마케팅 김미나, 이혜연, 이현아, 안보라, 한우리, 브루스
경영지원 이순미
펴낸곳 파지트
디자인 강수진
제작 지원 플랜비디자인

출판등록 2021-000049 호
주소 경기도 화성시 동탄원천로 354-28
전화 031-8050-0508
팩스 02-2179-8994
이메일 pazit.book@gmail.com

ISBN 979-11-976316-3-4 03320